さらに、やめてみた。

自分のままで生きられるようになる、暮らし方・考え方

わ た な べ ぽ ん

幻冬舎文庫

わたなべぽん

\さらに、/ やめてみた。

自分のままで生きられるようになる、暮らし方・考え方

はじめに

おかげさまでシリーズ3作目と
なりました「やめてみた。」

生活の中でなんとな〜く使っていたものや
ついいつも同じことをぐるぐる考えてしまう
考えぐせなどを思い切ってやめてみたら
暮らしはどう変わるのか実践してみた日々
を描いた本です。

今回はちょこっとだけ
夫婦に関する"やめてみた。"も
描かせていただきました。

楽しんでもらえると嬉しいです。

2020年3月 わたなべぽん

人物紹介

夫君
・会社員
・趣味は
格闘技を観ること
ゲーム、散歩
・嫌いなものは
虫とブロッコリー
・好きなものは
ピザ、ビール
昼寝
GAME
わが家の
主な登場人物
ぽん
・エッセイマンガ家
・趣味は
多肉植物
歌うこと
・嫌いなものは
二日酔いと
芋虫、毛虫
・好きなものは
お寿司と
日本酒、海

もくじ

第三章

家族で、やめてみた

やった〜
ベーコン切れはし

ほう

第一章

暮らしの中で、やめてみた

【第一話】サンダルの巻

6月になったばかりのある日
ふっふっふ〜
買っちゃった
じゃ〜ん
今年の夏のサンダル
夏はやっぱりエスニックよね〜
キラ キラ
ピカ ピカ
ふ―――ん
ん？
去年も似たようなの買ってなかったっけ？
あ〜あれ？
去年のはだいぶくたびれちゃったから処分したよー
去年のサンダル
というか
女性の夏のはきものって安くてかわいいのを毎年買って
1シーズンではきつぶして捨てることが多いと思うよ
1シーズン¥2980なら安いもんでしょ
え!?
そういうもの？
※あくまでぽん理論です。
うふふっ
あしたの飲み会にはいていっちゃおうかな
浮かれとるな〜
TVプラザ

翌日
キャ〜
やっぱり これ かわいい♡
ほら〜 行くよー
しかし ウキウキも つかの間 しばらく 歩くと 脳裏をよぎる
ヒリ ヒリ
ヒリ ヒリ
あれ？ ちょっと ずれて きたかな
買うとき 試着したのに な〜
毎年恒例 〝くつずれ〟の 予感…
あ やっぱり マメできてる
なんとなく 足が痛いと 言い出しにくい…
チラッ
ごめーん ちょっと 薬局寄って いい？
うん
そこで こっそり 絆創膏を買い
居酒屋で まずトイレに 直行して マメを保護
大きいの 二重に貼って おこう…
とりあえず この場は しのいだものの
サンダルを 脱いで 足を休める ことに専念

二次会は
俺の行きつけの
バーに行こうぜ
変わった酒や
つまみがある
いい店なんだ
ここから
ちょっと
歩くけど
いいね〜
えっ!?
歩くの!?
やだ〜〜っ
でも足が
痛いから
行きたくない
なんて言い
づらい〜
そんな
こんなで
ひ〜
帰宅した
頃には
うわあ…
二重にした
絆創膏ごと
マメがやぶれて
ぐちゃぐちゃ…
お風呂で
シミそう…
ズキズキ
ズキ
わっ
なにそれ
マメ!?
大丈夫?
ははは
大丈夫
大丈夫
こんなの
毎年のこと
だよ〜
女性の夏の
はきものは
こうやって段々と
足とサンダルを
慣らしていく
ものなんだよ
※これもぽん理論
マメは夏の
風物詩みたいな
もんさ
嫌な
風物詩
だなぁ
——なんて
いつも通り
お気楽に考えて
いたのですが
この年は
ちょっと
違ったの
でした
M山整形外科病院
ミーンミーン

腰痛とのことですが、骨には異常ないしギックリ腰でもなさそうだし…
とりあえず痛み止めとシップ出しときますね〜
ホッ とりあえずヘルニアじゃなくて良かった
ヘルニア手術経験者
そういえば先生 実はひざもちょっと痛くて…
いよいよ年かしら…
どれどれちょっと立ってみて
ん？
絆創膏だらけ
それくつずれ？
足に合わないくつをはき続けると腰やひざを痛めることがあるんだけど
くつずれの痛みをかばって変な歩き方になるため
ひざ腰に負担が！
イテッ
原因それかもしれないよ？
ギャ〜〜
思い当たる節しかない!!
まずその合わないくつ やめてみれば？
！
そんなお医者さんのひとことから今回の「やめてみた」は始まったのでした

へ～
合わない
くつのせいで
ひざ腰を
痛めることが
あるのか～
うん
そうら
しいよ～
あ！
ねえねえ
腰にシップ
貼ってくれ
ないかな
シップ
外用薬
はい
どーぞ
ん？
んーーっ
ちべたいっ
ピトッ
こうやって
見ると
満身創痍だな
まるで
場所中の
力士の
ようだ…
ボロ
ボロ…
ありがと～
そこまでして
サンダルって
はかなきゃ
いけないもの？
なんで
スニーカーじゃ
だめなの？
だめなわけじゃ
ないけど…
だって
スニーカーって
私が持ってる
服に合わない
んだもん
おでかけ用
お姉さんぽい服
パンプス
ヒールの
あるくつ
普段着は
ナチュラル系が
多い
サボ
バレエ
シューズ
唯一の
スニーカーは
運動用
トレーニングウェアを
着たときしかはかない
RUN
ナイキ

特に夏はヒラヒラした女性らしい服が多いから
スニーカー
サンダル
やっぱりサンダルが合うと思うんだよねぇ
ふーん
でもまあサンダルはちょっとお休みだね
あ〜あせっかく買ったのになあ
——ということで
しばらくの間 外出は
足腰に優しいスニーカーをはくことに
ねっねっやっぱりこの服にスニーカーって変じゃない？
コーディネートしそこなった中学生みたいじゃない？
も〜っ
変じゃないってば
気にしすぎだよ
……
そ…それにしても…
チラッ
スニーカーってこんなに歩きやすかったっけ？
軽いし足がふんわりつつまれているみたいで
マメもひざ腰も痛くない
ズ
ズ
ズ
足は!?

そしてふと街行く女性の足元を見ると…
あ
あの人ワンピースにスニーカーだけどめちゃかわいい
あの人は街中なのにビーチサンダルだ
それもいいな〜
花柄スカートにスポーティなくつの人もいる…
みんな結構自由にコーディネートしてるんだな
じゃあきょうの私のコーデも変じゃないのか？
というかむしろなんで私はあんなにサンダルにこだわっていたんだろう…
ふふっ
ん？
どしたの？
なんかこうやってのんびり街歩きするのも久し振りな気がしてさ
散歩大好き
やっぱり散歩は楽しいよねえ
あ！新しい店できてる〜
！
そういえば最近サンダルで歩くのがつらいから
おでかけが億劫になっていたかも…
ごめんよ夫君
今週末どうする？
どっか行く？
う〜ん
うちでDVD観ようかな〜
GAME
さすりさすり

おしゃれしたり
おでかけを
楽しみたくて
かわいいサンダルを
買ったはず
なのに
サンダルのせいで
出不精になってた
なんて本末転倒
だなあ
じゃあきょうは
ちょっと遠まわり
して裏道通って
帰ろうよ
そう
しよう～
――と
いうことで
サンダルを
やめてみることに
しました
よーし
今年の
夏は
今ある
このくつで
過ごして
みるぞ!
パンプス
かかとの
あるブーツ
バレエ
シューズ
サボ
スニーカー
はじめは
おそるおそる
だった
くつと服の
合わせ方に
少しずつ慣れ
ていき
はて
これは
変じゃないの
だろうか…
足元が
自由で楽に
なっていくのと
同時に
次どこ
行こうか
ちょっと
歩くけど
ケーキが
美味しい
カフェが
あるよ!
いいね～!
前は苦手だった
スカートに
スニーカー
おでかけも
自由で楽しく
なっていったの
でした

サンダルのお話のおまけです
もう痛い思いをしてまではこうとは思わないサンダルですが
30%OFF
大特価
おっ
かわいい
見かけるとちょっぴり欲しくなったりします
やっぱりこういう華奢でかわいいのがはける人って憧れるんだよなあ
そもそも私の足がサンダル向きじゃないのかもな
ん？
憧れる？
実は私の足のサイズは女性にしては大きい25.5㎝
デーン
しかも3E
すみません小児用は22cmまでとなっております
小5 24cm
昔から足が大きくなかなか合うサイズがなくて
イテテ…
くつなんて痛いのガマンして当たり前
いつの間にかこう思うように…
大人になっても合わないくつを無理してはくこともありました
もしかしたら私は足のコンプレックスのせいでサンダルに執着していたのかな
でもそのコンプレックスや執着は
スニーカーに慣れていくのと同時に消えつつありました
サッ
スニーカーでもおしゃれできることがわかったし
——なにより

体も心も
のびのびできて
痛くない方が
いいに決まって
るもんね
ひと駅散歩して帰ろ〜
そんな
夏が終わる
頃…
ねぇねぇ
ちょっと
見て見て
お風呂入っててね
ふと足を見たら
今年の私の足
なんだかすっごく
キレイなの!!
ほらっ
ズイッ
つるん
ピカ
きっとサンダル
やめてマメが
減ったから
皮むけあとが
なくなったん
だよー!
えっ
あ、そう
それ以上
近づけなくて
いいからね
サンダルを
やめてみたら
コンプレックスが
消えただけでなく
このまま
ツルピカ
キープしよっと
クリーム塗っちゃお
自分の足が
愛しくなってきた
私なのでした
はきこなせないまま
捨ててることに
なってしまった
サンダルよ
すまんっ

【第二話】アイロンの巻

ザー
ただいま～
急に降ってきたよ
すごい雨!
おかえりっ
濡れなかった?
うん
折り畳みの傘を持ってたからね
はぁ～
やめてみた②で登場した折り畳み傘
ん?
どした?
ドキ
ドキ
──実はね
最近気がついたんだけど…
な…なに?
ゴクリ…
もしかしたら
僕は
この世の中で
折り畳み傘を
畳む作業が
濡れてるのを畳むのも
折ったり巻いたりするのも
乾かしておくことすら…
一番嫌い
かもしれない
めんどくさいったらありゃしない!!
びしょびしょ
はぁ?
折り畳み傘なら
置き忘れも
少ないし
きょうみたいな
緊急時には
助かるんだ
けどね
ちょっとチしとこ
あーあ
ボタンひとつで
自動で畳める
ようにならないかな～
プップッ

へ〜
そんなに嫌い
だったんだ
知らなかった
あ
夕飯ちょっと
待ってね
シャツ2枚
アイロンがけ
しちゃうから
乾いた
洗たく物
うん
じゃあ僕は
これ畳ん
じゃうね
そっか〜
この世で一番
嫌いな作業かぁ
私はなんだ
ろうなぁ
プシュー
はっ
今まさに
その作業中
なんですけど!!
実は私は
Yシャツの
アイロンがけが
大嫌いです
たまーに
かけるくらい
ならいいんだ
けど
毎日となると
億劫になって
嫌になっちゃ
うんだよなあ
プシュー
……
?
トン

あのさ…ホントのこと言うと
実は私も家事の中でYシャツのアイロンがけが一番嫌いなんだよね
えっ!?
じゃあやめてもいいのに
だってそれ僕のYシャツでしょ!?
いいの? でもそしたらアイロンがけ夫君できる?
うーん
週末まとめてクリーニング屋さんに持っていくよー
同僚でもそういう人けっこーいるよ
でもぉ〜 うちでできることを外注するなんてお金がもったいないと思わな〜い?
そりゃ〜助かるけどぉ〜
嬉しいけどぉ〜
もじ
もじ
大丈夫 必要経費だよ もちろん代金は自分で払うし
まかせて!
ということで
代金は夫負担という言葉に背中を押されアイロンがけをやめてみることにしました
やった—
アイロンがけから解放されるぞ〜
今までありがとねー
ですが
さてと洗濯しなきゃ
ん?

ううっ
そうか…
週イチで
クリーニング
屋さんに
持っていく
ってことは
汚れ物を
ためておく
ってこと
なのか…
ちょっと嫌
だけど仕方
ないか〜
こうして
クリーニング店を
利用し始めた
夫ですが
んじゃ
出して
くるね〜
それも徐々に
面倒になって
きたのか
わかって
るって
あした
持ってく
から〜
コレ
クサイ
キライ
こんもり
じ〜っ
やがて…
今週
クリーニングに
持っていけ
なかったから
今回はうちで
洗濯しちゃ
おっと
ま
こういう日も
あっていいよね〜
ピッ
ピッ
え？
アイロン
どうするん
だろう…
翌朝
じゃっ
行って
きまーす
シワ
シワ〜
ヨレ
ヨレ〜
ギャーッ
ちょっと
待って!!
それで
会社行くの!?

忘れてた！
夫君って着るものに結構無頓着なんだった！
3分待ってアイロンかけるからっ
プシュ
えー別にシワくらいいいのに～
このままでは夫君がシワシワヨレヨレのオッサンになってしまう
これはどうにかしないとまたアイロンがけの日々が戻ってくるぞ
ありがとねー
その時ふと昨夜夫が干したYシャツを見ると
んも～せめてちゃんと伸ばしてから干してよねー
あれ？
でもこれはほとんどシワがない
素材の違いかな～
もしかしてなるべくシワにならないYシャツを選んで
シワが少ない
・ポリエステルアクリル多め
・ジャージ素材鹿の子おりなど
・形状記憶加工
・柄ものはシワが目立ちにくい
シワが多い
・リネン、綿、麻など天然繊維
・無地でシンプルなものはシワが目立ちやすい
ちなみに夫君はスーツではなくオフィスカジュアル
洗い方や干し方を工夫したら
アイロンなしで着られるようになるかも!?
よし！ちょっと実験してみよう

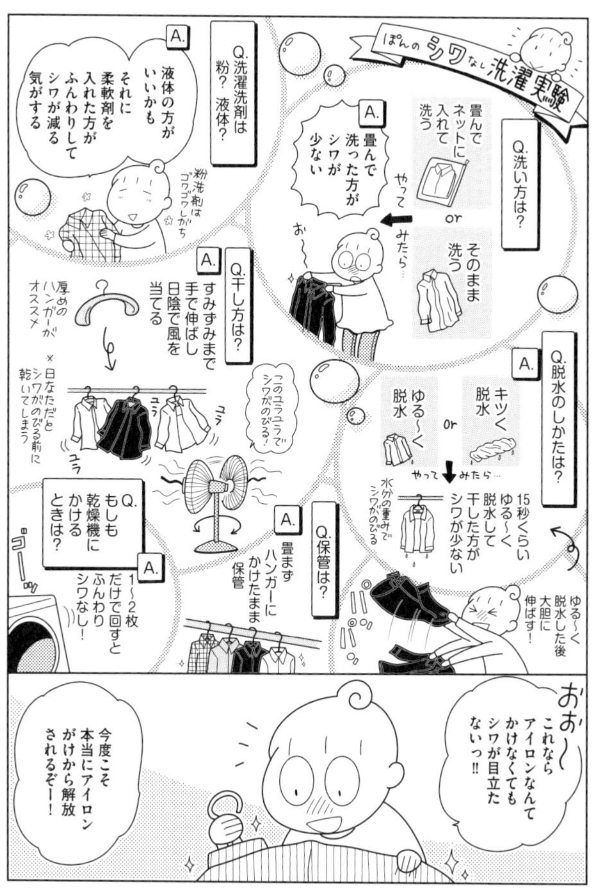
ぽんのシワなし洗濯実験
Q.洗い方は？
畳んでネットに入れて洗う
or
そのまま洗う
やってみたら…
A.畳んで洗った方がシワが少ない
お〜
Q.洗濯洗剤は粉？ 液体？
A.液体の方がいいかも それに柔軟剤を入れた方がふんわりしてシワが減る気がする
粉洗剤はゴワゴワしがち
Q.脱水のしかたは？
キツく脱水
or
ゆる〜く脱水
やってみたら…
A.15秒くらいゆる〜く脱水して干した方がシワが少ない
水分の重みでシワがのびる
ゆる〜く脱水した後大胆に伸ばす！
Q.干し方は？
A.すみずみまで手で伸ばし日陰で風を当てる
厚めのハンガーがオススメ
※日なただとシワがのびる前に乾いてしまう
ユラ
ユラ
ユラ
このユラユラでシワがのびる！
Q.保管は？
A.畳まずハンガーにかけたまま保管
Q.もしも乾燥機にかけるときは？
A.1〜2枚だけで回すとふんわりシワなし！
ゴーッ
おお〜
これならアイロンなんてかけなくてもシワが目立たないっ!!
今度こそ本当にアイロンがけから解放されるぞー！

そんな こんなで ずっと面倒だと 思っていた
アイロンがけの 頻度が 格段に減って いったのでした
はいっここで すかさず
パ
パ
ん――――っ
土曜の夜って いいなぁ
あ
そうだ
あれ？ もう アイロンがけは いらないんじゃ なかったの？
あした 日曜だし
これは あした着る シャツだよ
きょうのうちに やっておこうかと 思って――
今まで アイロンがけが 増えるのが嫌で 普段着にシャツを 着るの避けて たんだけどね～
着たい服を パリッとさせる ためのアイロンは 嫌じゃないって 気付いたんだ
そっかー
あしたは パリッとした シャツで 過ごすぞ――！
フンフ～ン♪
プシュー
気付けば アイロンがけは 〝一番嫌いな家事〟 ではなく おしゃれを楽しむ 作業になって いたのでした

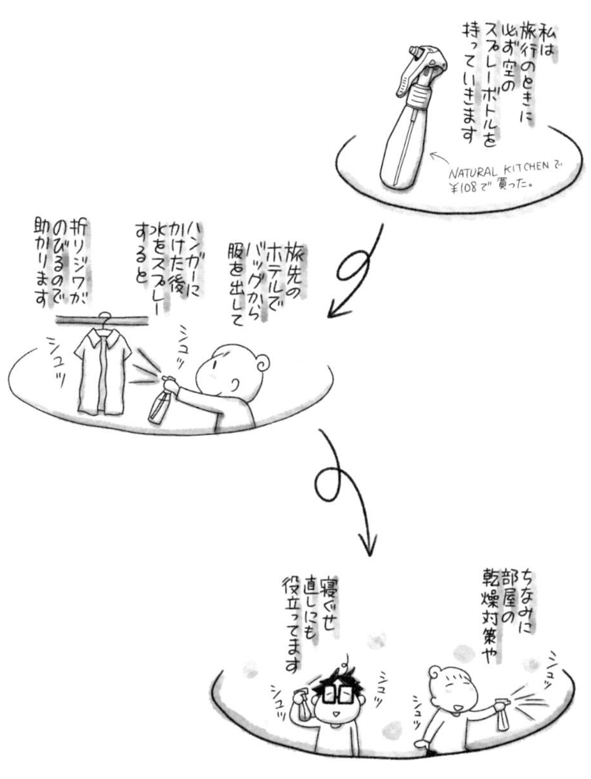
私は
旅行のときに
必ず空の
スプレーボトルを
持っていきます
NATURAL KITCHENで
¥108で買った。
旅先の
ホテルで
バッグから
服を出して
ハンガーに
かけた後
水をスプレー
すると
折りジワが
のびるので
助かります
シュッ
シュッ
ちなみに
部屋の
乾燥対策や
寝ぐせ
直しにも
役立ってます
シュッ
シュッ
シュッ
シュッ

【第三話】化粧ポーチの巻

ただいま〜
あいててて
うわぁ〜 やっぱりアザになってた〜
ありゃりゃどうしたの?
さっき駅前でキャリーをひいてる人とぶつかっちゃってさ〜
足元見てなくてうっかり
ガッ
うおっ
あ〜 あれ気付かずつまずくことあるよね
そのせいでバッグを思い切り放り投げちゃってさ
あっ
ガサゴソ
うわぁ〜
アイシャドウやパウダーファンデーションが割れて粉々!
ボロ
ボロ
あら〜
あれ? そういえばぽんちゃんってファンデーションやめたんじゃなかったっけ?
やめてみた。参照。

うん
近所への
おでかけや
買物くらいの
ときは
日焼け止めと
パウダーだけに
したんだけど
これだけ
楽チン！
UV CUT SPF 50+
せっけんで
おALとせる！
チーク
アイシャドゥ
ベース
ファンデーション
アイブロウペンシル
アイライナー
口紅
マスカラ
さすがに
きょうみたいに
仕事で外出する
ときは
普通に化粧してるし
化粧ポーチも持ち
歩いてるよ
う〜ん
このアイシャドウは
もう使えないな
ファンデーションは
〝朝うちで化粧する
とき用〟にして
持ち歩く用
のは新しく
買わなきゃ
粉々のを
持ち歩くと
ポーチが粉まみれに
なるんだよねぇ
ポイッ
そこで
早速
ファンデーションを
買いに近所の
コスメショップへ
COSME
今月の新作
え!?
欠品!?
ええ
リニューアル
されるので
今は商品が
回収されちゃっ
てるんです
2週間後
くらいには
入荷しますよ
2週間かあ
それくらいなら
粉々になった
ファンデで
耐えられる
かなぁ…

結局
何も買わずに帰ることに
朝のメイクは粉々ファンデでいいとして
持ち歩き用はどうしよう
ふたがきっちりしまる容器に入れて
パフとかブラシを持ち歩くとか
ケースごとジッ○ロックとかに入れるとか…
人に見られたらなんとなくはずかしいな
うーん うーん
——ん？
——というかなんで私こんなに
化粧直しに命かけてるんだろう…
そもそもそんなメイクバッチリの人でもないのに
その時ふと思い出す
会社員になりたてだった頃のこと
仕事が終わってロッカールームに行くと
先輩達がみんな化粧直ししてて…
まだ少しバブルの残り香が…
20年前

そんな中
普段化粧を
一切しない
先輩が
お先に！
ササッと
帰るのを
見て
あの人
いつも
ノーメイク
だよね
うん
別にとやかく
言うつもりは
ないけど
社会人の女性と
して職場で
ノーメイクは
どうかと思う
けどなあ
私
私も
ノーメイクは
部屋着を
さらすのと
同じ！
そしてこまめに
化粧は直し
なさい！
って先輩に
叱られたことが
あるよ
先輩怖～っ
そういう
ものなんだ
気を付けよっと
あれから
なんとなく
仕事のときは
ちゃんと化粧しな
きゃって思うように
なったのかも
でも20年前とは
世の中もずいぶん
変わったんだし
ネクタイ
スーツで
なくても
いい
オフィスカジュアル
ディパック
スニーカーOK！
自宅で
仕事
しても
いい
フリーアドレス化
フレックスタイム化
私の仕事も
変わったし
私事ですが
作画を
デジタルに
しました
化粧も
ちょっと見直して
みるのもいいの
かもなぁ
――よし

とりあえず
化粧ポーチを
持ち歩くのを
やめてみること
から始めて
みようかな
何か変わる
かもしれ
ないし
——と
いうことで
翌日から
化粧は朝の
1度きり
化粧ポーチは
持ち歩かず
化粧直しは
ティッシュで
皮脂を
押さえる
程度と
口紅だけに
してみました
始めて
すぐの頃は
1度きり
なんだから
しっかり
化粧しよう
なんて気合いを
入れて化粧して
パフ
パフ
パフ
ギャ〜〜ッ
しっかり
メイクの方が
取れかけると
ムラになって
変だ！
失敗したり
しましたが

少しずつ自分なりに
化粧を長持ちさせるコツ
が
わかってきました
ほおづえ
顔には極力触れない
顔をかいたり
アイメイクは濃いほどよれる
パール感の強いものはさける
眉は書くよりアイブロウマスカラ
ベースの油分水分は
きっちりティッシュオフしてからファンデをぬる
皮脂はおさえて取る
こすっちゃダメ
ティッシュでそっと
もし落ちてしまっても
変じゃないよう薄ぬりに
2週間経つ頃には
化粧ポーチを持ち歩かないことが普通になっていました
化粧ポーチって実はバッグの中でかさばっていたんだなぁ
きょうの荷物
ノート
スマホ
財布
ペンケース
リップ
化粧ポーチを入れると
かさばる
トートバッグがスリムで持ちやすい
そしてなにより嬉しかったのは
友達Yさん マッサージ師
あれ?
きょうのメイク〝抜け感〟があっていいね
自然な感じ
えっ? ホント?
なんてホメられたこと

お化粧ってさ意識して変えていかないと
古いやり方のまんまになっちゃうんだよね
うちの母もずーっと同じメイクでさ〜
あ
ちょっとわかるかも
昔流行した細眉をずっと続けているオバチャンとかね
別にいいんだけど
そうやって何かのキッカケで化粧を見直したり
自分のやり方を決めたりするのっていいことなのかも
私もやってみようかな
!
〝自分のやり方を決める〟かぁ
ゴクリ
もしかしたら〝やめてみる生活〟とは
まわりの意見に流されてなんとなくやってきたことを見直して
〝自分流〟にすることなのかもしれません
たしかにそうかも
結局粉々のファンデーションは最後まで使い切ることができました
よかった

【第四話】クレジットカードの巻

カード会社に
使用停止の
電話したり
再発行の
手続きとか
面倒くさい
もんね〜
ホッ
長年使い続けて
ゴールドカードに
昇格した
○ポスカード
というか
盗まれたり
使われたり
してなくて
良かったよ
はー
焦った〜!
最近は
SNSやってる
人も多いから
ちょっと調べると
パスワードなんて
予想できちゃう
らしいし
PWになりそうな
キーワードがてんこもり!
怖っ
友達なんて
この前スキミング
されて
30万も使われ
ちゃったん
だから!!
カード管理は
しっかり
しなキャ!!
はっ!?
どこだ?
どこに
やったっけ?
ここに
しまってた
ハズなのに〜
ん?
今度は
何を探し
てるの?
たまにしか
使ってない
クレカ!!
あった〜!!
良かった〜!
この人
クレカ持つのに
向いてないなぁ

普段持ち歩かない病院の診察券とかと一緒にしまってたんだった
ずら～っ
え!?
そんなに持ってたの!?
全部で5枚？
たまにしか使ってないなら年会費とかもったいないよなんでそんなに作っちゃったの？
えー
だって便利かと思って～
・・・・・・・
えーっと
これは家電を買うときに使う家電量販系のカード
スーパーでの支払いが楽になるけど最近そのスーパーがなくなったので使ってないカード
○uicaがオートチャージされるのが楽ちんな交通系のカード
そんで海外で使えないところが多くてあんまり使わなくなった旅行系カード
ずいっ
もしも…
ゆら～り
そのカード達がうっかり人手に渡り使われまくっても気がつかなかったとしたら
嫌だな～怖いな～
ひぇ～っ
お金のリアルガチ怖い話
ハァハァ
怖すぎる…
ちなみに夫君は何枚カード持ってるの？

僕は〝○ックカメラ○uicaカード〟1枚だけだよ
家電量販店系＋交通系カード
年会費ほぼ無料だし
通勤で○uicaは絶対使うし
ゲームとか家電買うから僕にはぴったりなんだ〜
へー
ア○ックスとかかっこいいけど
びしっ
じゃっこれで
年会費がもったいなく思えちゃって…
ポイントがたまったらデパートの商品券に換えられるのも嬉しいし
ほら
ホクホク
2万円分
商品券 ¥1,000
えーーっ
いいないいな〜
いっそのこと今持ってるカード全部解約して私もそのカードにしちゃおうかな〜
それいいな〜
チラ
チラ
──ま
それもいいんじゃない？
クレカ支払いの再登録が面倒じゃなければね
カード払いの登録をしているもの
・スマホ代
・○uica
・○mazon ・○天
・税金の一部
・保険料
・習い事の月謝
・旅行サイト数社
・航空会社数社
・趣味の道具のサイト色々
…etc.
ギャッ!!
それは面倒くさすぎるっ!!
ということで

それなりにポイントがたまってるかと思ってたけど
どれも少ないなぁ
このまま解約しちゃってもいいかも
よく使うカード1枚を残し
4枚のカードを解約したのでした
すみません
えーっと
解約したいのですが…
それから半年ほど経ったある日
西山のふとん
0101
あ
枕フィッティング
そういえば今使ってる枕がぺったんこになっちゃって
新しいのが欲しいと思ってたんだよね
じゃあフィッティングしてみようよ
どうぞ～
枕フィッティング
西山
そこでいくつか試してみたところ
これは自分で高さを調節できるタイプ
中央がくぼんでいてフィット感があるんですよ
西山
お～！
これはいい～
ヤバイ寝そう…

気に入った枕が見つかったのですが…
これいいなぁ
¥5,980-
ヒッ
しかし枕に6千円だなんてぜいたくしすぎじゃありませんかねぇ
ヒッ
どうですダンナさん
なぜ敬語？
別にいいんじゃない？
西山
じゃあこれ買います！
えーっと
カードでお願いします！
手持ちのお金が少なかった。
あ！
お客様ポイントがたまってますけど利用されます？
ポイントでこの枕 買えちゃうみたいですけど
え⁉
ホントですか⁉
西山
どうやらこれまでのポイントに加えクレジットカードを1枚にしたことでこの半年間のポイントが集中したためのようです
じゃあポイントでお願いしまーす
うふふ〜
何だかとっても得した気分♡
スリスリ
良かったね〜

――あのね
私があんなにクレジットカードを持ってたのは…
買う物に合わせてカードを使い分けましょう！
例えば家電を買うなら家電量販店系カードの方がポイント還元率が高いんです!!
かしこいお金の話
FP ○山△子さん
ほほう
ポイントでかしこく得をしようと思ってたからなの
おはずかしい…
でもやってみたらポイントなんてほとんどたまらなくて…
私には向いてなかったみたい
私がポイントで得できなかった理由
たくさんのカードを使い分ける
← それぞれの利用額が少なくなる
← ポイントも少ない
← しっかり貯まる前にポイント失効
だけどクレカを1枚にしたらポイントもたまりやすいし
盗難のリスクも減ったしやってみて良かった！
うん
ギュッ
あ！そうだ！
今度あのデパートの商品券でごはん食べに行こうよ！
デパートのレストラン街でごはん
商品券 ¥1,000-
わぁ！
いいね！
またひとつ自分に合ったやり方をみつけた私なのでした

【第五話】スーパーの巻

先日
うちから一番近いスーパーが閉店してしまいました
閉店のお知らせ
永い間のご愛顧ありがとうございました。
〇月×日をもちまして閉店いたします。
建物の老朽化の為、建て替え
わっ
そっかきょうから使えないんだった
小さいけどちょこちょこ買うには便利だったのに〜
24時間だったし
伝勇
仕方ない駅前の大きいスーパー行くか〜
と駅前のスーパーに来てみたら
おお〜
さすが品揃えがすごいなぁ
さて
精算精算
ずら〜
おそらく閉店したスーパーの客も来ている
ひっ
う〜〜
毎日こんなの嫌だ〜〜
結局30分待ち…

そんなある日のこと
あ～あ
あの長～いレジ待ち億劫だなぁ
いらっしゃい いらっしゃい
きょうはカツオがいいよっ！
そういえば今まで街の魚屋さんって利用したことなかったな～
新鮮なんだろうか…
旅行先の港町の魚屋さんは大好き
大漁
おお～っ
見てってほら！
でもあのレジ待ちに並ぶよりいいかも
奥さん普段カツオに何つけて食べてる？
え？
普通に薬味とポン酢で…
だまされたと思って
七味唐辛子＋マヨネーズ＋ポン酢
やってみてよ俺のイチオシ！
七味
えーっ
刺身にマヨ⁉

買って
しまった
お手頃価格だったし
マヨ試したいし
でもこれで
メインの食材は
買えちゃったから
野菜とかも
商店街の
八百屋さんで
買っちゃおうかな
せっかくなら
行ったことない
お店に行って
みよっと
ということで
きょうは
テクテク
商店街で
お買物です
八百屋さん
ハムソーセージ屋さん
スーパー
駅
肉屋さん
魚屋さん
豆腐屋さん
自家焙煎コーヒーショップ
ぐるっとまわって30分!
すると
行く先々で…
うすい豆って
グリーンピースの
ことだよ
さやも一緒に
米と炊くと
美味しいよ
へー
この豆なら
水出しコーヒーに
しても美味しいよ
ほう
これ
おまけ
やった～
ベーコン
切れはし
豆乳の試飲
できますよ～

う〜む
スーパーでの買物より歩くけどこれはこれで楽しい
なんだかRPGみたいだし〜
その夜
パカッ
うわぁ豆のいいにおい
これがそのうすい豆ごはんかぁ
そうなの炊けたらさやは捨てるんだって
あとこっちはカツオね
七味マヨポン試してみよう
いただきまーす
ハフッハフッ
ん――っ
豆ごはん美味しい!
七味マヨポンカツオもいける!
お刺身なのにごはんが進む味だ〜
ニンニクのせると更に!
……なんか私…誤解してたみたい

商店街の個人商店ってこんなイメージがあって
実はちょっと苦手だったの
すすめられたら断りづらい
丸ごとの方が得だから
安い方を選びにくい
スーパーより品揃えが少ない
スーパーより高そう
ついあれこれ買わされそう
あ〜
ちょっとわかる気もする…
それにね顔を覚えられて
常連さんになるのが嫌だったんだ
え？なんで？
人見知りだったからってのもあるけど
テキトーなかっこうでフラフラ歩いているところに
顔見知りになった人とバッタリなんてはずかしいもん
は
ヨレ
ヨレ
あっ
テキトーなかっこうでフラフラ
しなきゃいいのでは？
でもきょうあちこちのお店をまわってみたら
そんな考えふっとんじゃった
美味しいね〜
あはは
人見知りより食欲が勝ったんだね
それからは
すっかり商店街で買物するように
水出しコーヒー美味しかったです
でしょ
COFFEE
Coffee

するとやっぱり
あっ
ども
バッタリ
あら
こんにちは
誰？
魚屋のお兄さん
街でバッタリ顔を合わせたり
ドキドキ
急に人に会うと緊張してしまう
あれっ？
ありゃ
奥さま
偶然八百屋のお兄さん夫婦と隣合わせたりも
えーっ
商店街で買物したことなかったの？
もったいなーい
他にも面白い店たくさんあるよ！
ええ
もっと早くに個人商店の面白さに気付けば良かったです
共通の話題は“この街”
それだけでこんなに話がはずむなんて

あ
そうだ
そういえば来月この街に住んでる友達とBBQやるんだけど良かったらいかが？
チラ
大丈夫？
人見知り出ない？
大丈夫
うん
行きまーす
やった!!
スーパーで全ての買物をすませてしまうのをやめてみたら
自分が住む街に詳しくなれた上
〝ご近所さん〟と呼べる友達ができました
自分でもオドロキ！
またね〜
じゃあね〜
こうやって街や人になじんでいくことを
〝土に根を下ろす〟っていうのかな
住む街を好きになると暮らしはもっと楽しくなる
——と学んだ私です
いい夜だ〜

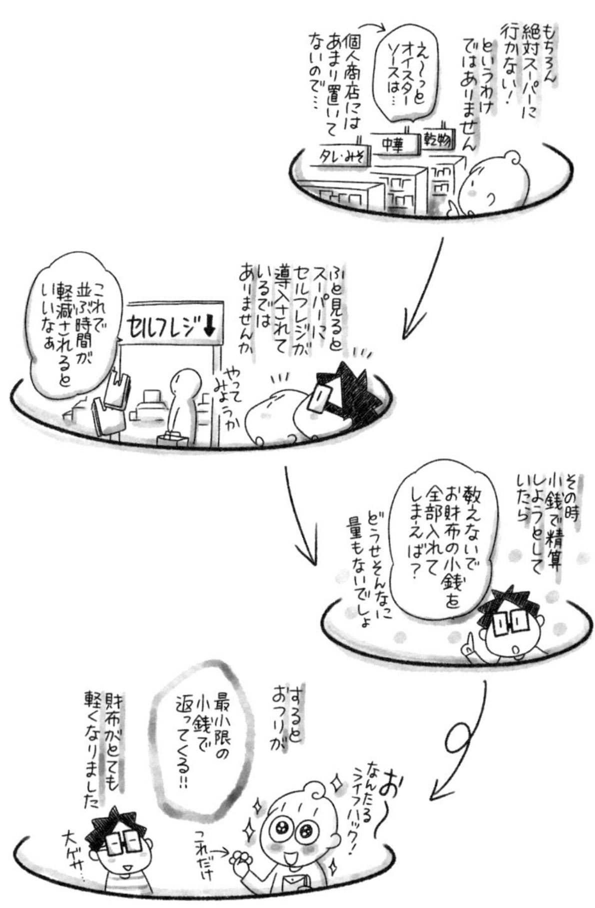
もちろん絶対スーパーに行かない！というわけではありません
え〜っとオイスターソースは…
個人商店にはあまり置いてないので…
乾物
中華
タレ・みそ
ふと見るとスーパーにセルフレジが導入されているではありませんか
セルフレジ
これで並ぶ時間が軽減されるといいなぁ
やってみようか
その時小銭で精算しようとしていたら
数えないでお財布の小銭を全部入れてしまえば？
どうせそんなに量もないでしょ
するとおつりが
最小限の小銭で返ってくる!!
財布がとても軽くなりました
お〜なんたるライフハック！
これだけ
大ゲサ…

お話に
登場した
"うすい豆
ごはん"
と
"水出し
コーヒー"の
レシピです

うすい豆
ごはん
うすい豆を
(グリーンピース)
150gくらい
さやから豆を
はずす
米2合
塩小さじ1
昆布5〜6cmと
豆とさやを入れ
一緒に炊く
土鍋でも
炊飯器でも
炊けたら
さやを取り出し
全体をさっくり
まぜたら
できあがり!
☆焼き鮭と
出汁を加えて
炊くと豪華

水出し
コーヒー
深煎りの豆を
中〜細挽きに
したものを
60〜100g
(お好みで)
お茶パック
などに入れ
1ℓの水に
投入!
冷蔵庫で
ひと晩置く
細かく挽くほど
味が濃く出ます
☆水出しコーヒーを
製氷器で凍らせて
牛乳に入れると
シャリシャリ
カフェオレに!

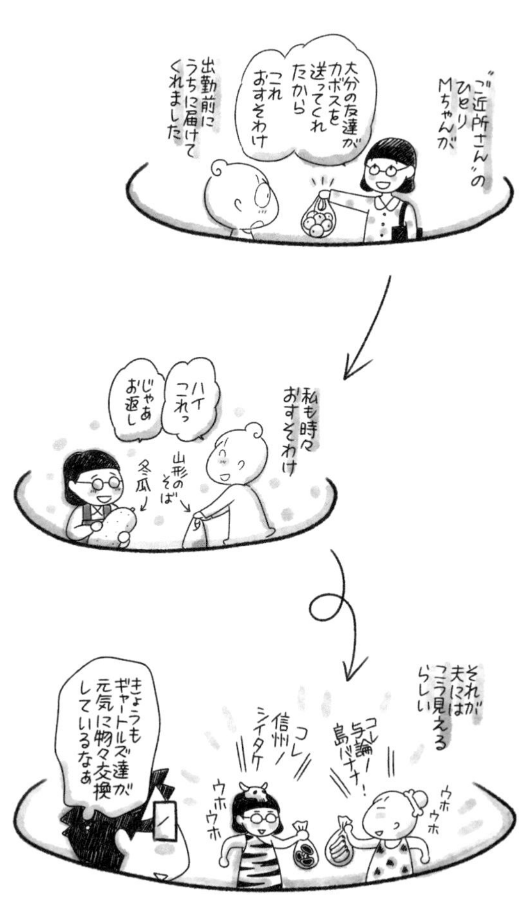
"ご近所さん"のひとりMちゃんが
大分の友達がカボスを送ってくれたからこれおすそわけ
出勤前にうちに届けてくれました
私も時々おすそわけ
ハイこれっ
山形のそば
じゃあお返し
冬瓜！
それが夫にはこう見えるらしい
コレ与論島バナナ！
ウホウホ
コレ信州シイタケ
ウホウホ
きょうもギャートルズ達が元気に物々交換しているなあ

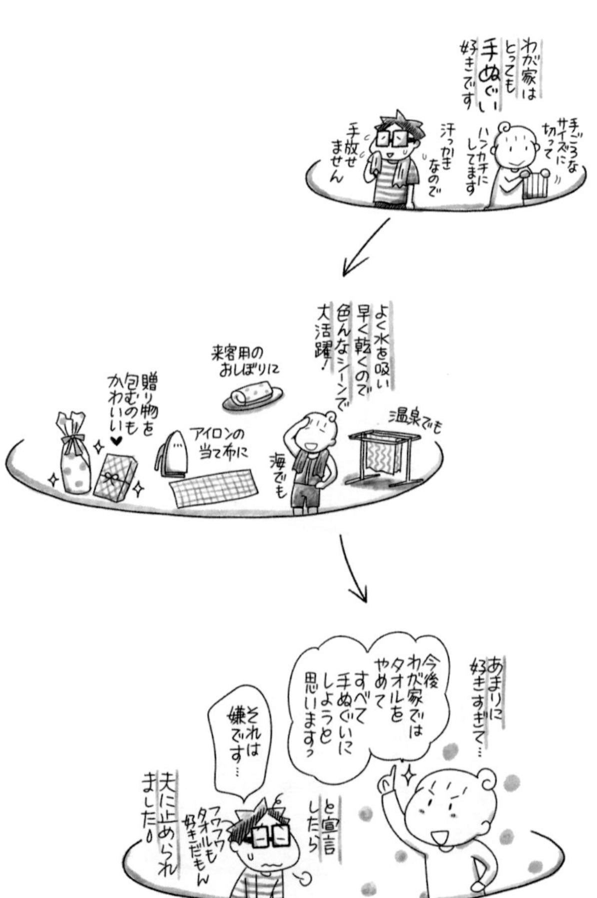
わが家はとっても手ぬぐい好きです
手ごろなサイズに切ってハンカチにしてます
汗っかきなので手放せません
よく水を吸い早く乾くので色んなシーンで大活躍！
来客用のおしぼりに
贈り物を包むのもかわいい♥
アイロンの当て布に
海でも
温泉でも
あまりに好きすぎて…
今後わが家ではタオルをやめてすべて手ぬぐいにしようと思いますっ
と宣言したら
それは嫌です…
フワフワタオルも好きだもん
夫に止められました。

子供の頃から
くつしたは
3足1000円が
当たり前だと
思っていました
3足
¥1,000
大人になって
1足で
1200円!?
ひえ〜
でも
すっごい
可愛い〜♥
思い切って
特売じゃない
くつしたを
買ってみたら…
サイドに
チロリアンな
お花もよう
ひと冬はいても
穴があかないっ
ゴムがゆるまないっ
高いくつしたって
スゴイッ!!
ささいなことですが
すごく
びっくりしたことの
ひとつです
もっともたせる
ためにツメを
こまめに切って
かかとも
キレイにして
おこうっと♪
ちなみにもし
穴があいたとき
わざとハデな
色の糸で繕うと
かわいいです

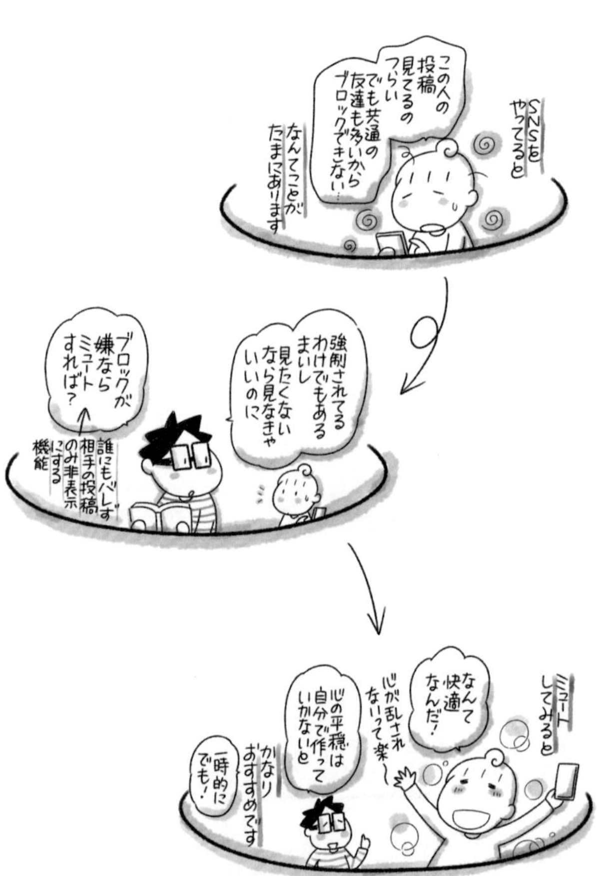
SNSをやってると
この人の投稿見てるのつらい
でも共通の友達も多いからブロックできない…
なんてことがたまにあります
強制されてるわけでもあるまいし見たくないなら見なきゃいいのに
ブロックが嫌ならミュートすれば？
誰にもバレず相手の投稿のみ非表示にする機能
ミュートしてみると
なんて快適なんだ！
心が乱されないって楽〜
心の平穏は自分で作っていかないと
かなりおすすめです
一時的にでも！

第二章

人付き合いで、やめてみた

【第六話】「サークル活動」の巻

そっか
13:22
< tetoteto (48)
MAI
みなさん!
あしたは…
羊毛フェルト教室
ですよ〜
あした
サークルの
イベントが
あるんだった
クラフトサークル
"tetoteto"は
↑※仮称です
月に1〜2回
定休日のカフェや
イベントスペースを
借りて
ハンドメイドを
楽しむサークルです
みんなで
集まって
おしゃべり
しながら
各自好きな
手芸をしたり
編み物
レジン
パッチワーク
時には
講師を迎え
苔玉盆栽
パン作り
みそ作りを
したり
多肉植物
寄せ植え
得意なんが先生をやる
プロの料理家や
本格的な
設備が必要な
ときは
遠征も
します
ガラス工房
メンバーの
年齢・性別は
様々で
回を重ねる度に
増えて現在48名
13:23
< tetoteto (48)
MAI
定員は15名ですが現在
1席分空きがあります。
どなたかいかがですか?
今回は○×堂のどら焼
がおやつです。
参加費 ¥5,000。
ふむ
なので
イベントも
イス取りゲーム
状態です
決まってる
14名の内
私が
知ってるのは
3人だけかぁ

気をつかっちゃいそうだし 今回も、やめとこ
以前はよく参加していたのに
最近は欠席しがちな私
パタ
やったことがないクラフトを体験するのは楽しかったし
趣味の友達が増えていくのも嬉しかったのですが…
メンバーが増えていけば
苦手な人と出会ってしまったり
いい投資話があるんだけどさ〜
は?
仲が悪い
ツン
ツン
TVに出てる先生
グイグイ
あの人有名人に弱いよね
露骨すぎるのも困るよねぇ
嫌な面が見えることもあったりして
いつの間にか足が遠のいていたのでした
大勢の人と一緒に活動するのって
私には向いてないのかもしれないな
——だけど参加しないと決めたのに
メンバー達がチャット中
ヴヴッ
ヴヴッ
なぜか気になる
ヴヴッ
ヴヴッ
ヴヴッ
ヴッ…
メンバーの動向…
ヴヴッ
ヴヴッ
ヴヴッ
ヴヴッ
ヴヴッ

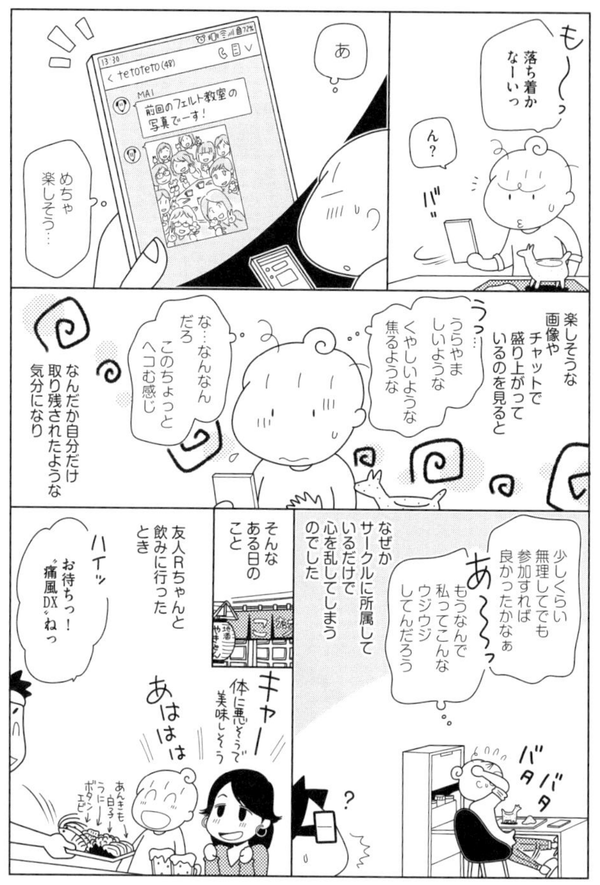
もーっ
落ち着かなーいっ
ん？
バ
あ
13:30
< tetoteto (48)
MAI
前回のフェルト教室の写真でーす！
めちゃ楽しそう…
楽しそうな画像やチャットで盛り上がっているのを見ると
うっ…
うらやましいような
くやしいような
焦るような
な…なんなんだろ
このちょっとヘコむ感じ
なんだか自分だけ取り残されたような気分になり
少しくらい無理してでも参加すれば良かったかなぁ
あ〜っ
もうなんで私ってこんなウジウジしてんだろう
なぜかサークルに所属しているだけで心を乱してしまうのでした
バタバタ
?
そんなある日のこと
友人Rちゃんと飲みに行ったとき
ハイッ
お待ちっ！
〝痛風DX〟ねっ
キャー
体に悪そうで美味しそう
あはははは
あんきも
白子
うに
ボタンエビ

うん まぁ〜い
くちこ
ばくらい
うにのせ
名前も面白いしこれはいいね！
メモメモ！
赤貝刺
イクラのせホタテバター
あたりめ
あっ!! ねえ あれも頼もう!!
彼女は大の居酒屋好き 趣味は全国居酒屋めぐりです
んーーっ♡ ここはいいお店だねぇ 好きなタイプの居酒屋だわ〜
良かった〜
Rちゃんはどういうタイプの店が好きなの？
おっとっと
私は日本酒が好きだから
お酒の種類が豊富
旬の野菜と魚がある
セリ
きのこ
ウド
カキ
アユ
珍味系が充実している
くちこ
ばくらい
からすみ
へしこ
ん〜 おでんとか焼鳥もいいしなぁ
こんな感じが好きだなあ
へ〜
でも一番大事なのは居酒屋に入るときのマイルール!!
ほうほう
苦手な人や嫌いな人とは美味しい居酒屋に入らない！ってこと
くぴっ

いくら美味しいお店でも苦手な人や嫌いな人とは楽しく飲めないもんね
大吟醸の蔵はね
ペラ ペラ ペラ
だから
ホレホレ飲みなはれ〜
せっかく美味しいお酒飲むなら楽しい人と一緒じゃないともったいない！
と思っちゃってさ〜
痛風DX
あん肝白子合わせ盛り
かぼすぶり刺
イカ肝バター
冷えてます
——私もそうだ
くぴっ
大好きな趣味の時間なら楽しい人と一緒かもくもくとひとりでやりたい
Rちゃんの言葉に心を動かされた私は
翌日
あれこれ言葉を選びメールを完成させると
えーと えーと えーと
思い切ってサークルを
10:32
tetoteto (48)
こんにちは！お久し振りです。
最近あまり参加することができず、今後も難しそうなので、一旦サークルをお休みさせていただきたく思います。
またおじゃますることもあるかもしれませんが、その時はよろしくお願いいたします
ぽん♪
○月×日
—わたなべぽんさん退室—
やめたのでした

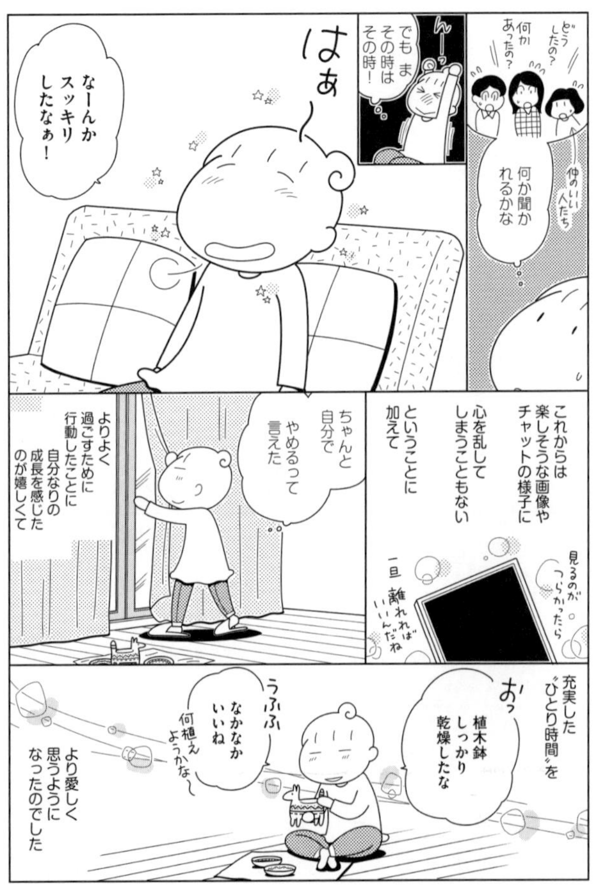

どうしたの？
何かあったの？
仲のいい人たち
何か聞かれるかな
んーっ
でもまその時はその時！
はぁ〜
なーんかスッキリしたなぁ！
これからは楽しそうな画像やチャットの様子に
心を乱してしまうこともない
ということに加えて
見るのがつらかったら
一旦離れればいいんだね
ちゃんと自分でやめるって言えた
よりよく過ごすために行動したことに
自分なりの成長を感じたのが嬉しくて
充実した〝ひとり時間〟を
おっ
植木鉢しっかり乾燥したな
なかなかいいね
うふふ〜
何植えようかな〜
より愛しく思うようになったのでした

会社員時代
大人数の宴会が
多かったからか
あっ
私も
とりあえず
ビールで！
一口目の
アルコールは
みんなと足並
そろえて
ビールばかり
でした
※ちなみに
生しぼり
グレープフルーツ
サワーとかは
乾杯
待って～
ギュウ
ギュウ
ちょっと
気をつかう
でもある日
ふと
寒～っ
ビール冷た
くてイヤだな
あ
熱燗
くださいっ
一口目から
熱燗に
してみたら
くぴっ
ん～～っ
あったまるっ
その一口が美味しすぎて
これからは自分の
好きなものを注文
しようと思いました

【第七話】時間厳守の巻

私は今
待ち合わせに
来ない友人を
20分
待っています
モヤ
モヤ
イラ
イラ
コース料理を
予約しているので
ひとりで食べ
はじめる
こともできず
待ちぼうけ
すみません
も少しで
来ると
思うん
ですがっ
そもそも
友人Aさんは
遅刻の多い
人で…
イラ
イラ
前回の飲み会
でも遅刻して
みんなにあれだけ
怒られたんだから
何してたの
どーなってんの
連絡くらいしてよ
みんな困るでしょ
モヤ
モヤ
Aさん
ごめんってば〜
さすがに今回は
遅刻しないと
思ってたんだ
けどなあ
そして
30分後
やっほ〜
お待たせ〜
いや〜
つい昼寝
しちゃってさぁ
あははは
もーーっ!
遅い〜っ
あ!
私生ビール!
あれ?
飲まずに待ってたの!?
やだ〜先に
飲んでれば
いいのにー!
律儀者め〜
さては
反省して
ないな

実は私
遅刻する人が
とても苦手です
ってか
あまり好きな
人もいない
だろうけど
プハー
これまでの
交友関係
でも
遅刻ぐせのある
友人と疎遠に
なったことが
あるほどです
走って!!
んもー
なんで
遅れたの
舞台のチケット
ごめーん
ツメ切って
たら
時間
たってて
言いわけも
よく分からない
遅刻する
人って
まわりの人に
どう思われてる
とか気にならないのかなあ
嫌われるの
怖くないんだろうか
それとも
30分くらいの
遅刻で怒る私の
心が狭いのかな
――いや
つい先日の
飲み会で
とても怒ってた
Tさん
よく
遅刻する
人って結局
待ってる人を
甘く見てるん
じゃないの?
相手のこと
考えたら
時間くらい
守れるでしょ!
たしかに
そんなこと
ないよー
時間守るのって
最低限の
マナーだよね
モヤ
モヤ
モヤ
モヤ
とはいえ
ガサ
ゴソ
じゃ〜ん!
きょうは
ぽんちゃんと
一緒に見ようと
思ってこれ
持ってきたの!
深海って
スゴイよ!!
ロマンだよ!!
ギョ
ギョ
ギョ
興味アリ
知られざる
深海の世界
遅刻ぐせ以外は
とても面白い
人なので

モヤモヤしながらも
デメニギス
メンダコ
クシクラゲ
ブロブフィッシュ
わぁ
なにこれ変なカタチ
でしょでしょ
楽しく付き合えていたのでした
帰り道
あ〜ぁ
Aさんの遅刻ぐせどうにか直らないかなぁ
あれさえなければめちゃいい人なのに〜
そうだ!
電話やメールでこまめにサポートしてみたらどうかな?
例えば
そろそろ待ち合わせの時間ですよ〜
はっ
こんな時間か!
遅刻せず合流!
みんな楽しい
19:30
それで直れば私もモヤモヤしなくてすむし
Aさんも汚名返上できるし!
ということで
ぽんによる
Aさんの遅刻ぐせ矯正月間
をやってみることにしました
私がサポートするからには
もう遅刻させないぜ!
サポートその1
待ち合わせ前日に日時を確認するメールをする
あしたはAさんも参加の飲み会だったよね
リマインドしとこっと
< A
あしたの飲み会19:30からだね!
楽しみだなぁ〜
Google map

サポート
その2
当日そろそろ
自宅を出る
くらいの時間に
メールをする
やっほー！
私は今電車に乗ったよ～
Aさん昼寝してない？(笑)
ガタン
ゴトン
ガタン
ゴトン
サポート
その3
どうしても
遅れてほしく
ないときは
早めの時間を
伝えておく
本当は20時から
0月×日の
ごはん会は
19:30からです！
だますみたいで
ホントは
気が進まないけど…
ですが
私の努力も
むなしく
ザーッ
Aさんの
遅刻ぐせは
一向に直りません
結局
1時間
遅れてきた
ポタ
ポタ
ごめーん
雨降ってたから
遅れちゃった
あんたは
南の島の
ハメハメハ
大王かっ！
風がふいたら
遅刻して
雨がふったら
お休みで～
ハワイアン
童謡
それどころか
んも～
ぽんちゃん
いちいち
メールくれ
なくても
いいよ～
日時くらい
憶えてるから
メール
見るの
めんどくさいっ
ちょっと
迷惑がられて
いる様子
うぐっ
だったら
ちゃんと
来てよっ
はぁ
せっかく
彼女のために
なればと
思ったんだ
けどなあ
私が勝手に
やったことだけれどもさ…

もともと遅刻ぐせが嫌いなことに加えて
私の気持ちも無下にされた気分になり
なんだかAさんから気持ちが離れていくような気がしました
そんなある日のこと
おー
マキ元気～？どした～？
マキ君
夫の古い友人
ん？
日曜日はうちは午後から新宿で買物の予定だけど？
うんうん
ねぇ
マキ夫婦が買物後に合流してどこかでごはんしないかって
おーいぽんちゃーん
おっ
いいね～
おーいマキ～久し振り～
あはは
聞こえた？じゃ日曜ね！
当日夕方くらい買物終わったら電話するわ
じゃあな～
ピッ
あれ？
待ち合わせ時間と場所決めなくてもいいの!?
大丈夫っしょ
新宿なら時間つぶすとこなんてたくさんあるし
なんなら飲みながら待っててもいいんだし
そ、そう

それに実は…
マキって昔から遅刻魔でさ
学生の頃から待ち合わせにちゃんと来たためしがないんだ
ごめーん銭湯行ってたら遅れた～
そもそもなんで出がけに銭湯行くんだよっ！
！
友達みんなで遅刻ぐせを直そうとしたんだけど
ちっとも直らなくて
ガミガミガミ
しかも怒られすぎて日に日に元気がなくなっていった
でもある日ふと気付いたんだ
あれ？もしかして
走るのが遅い人や泳ぐのが苦手な人がいるように
マキみたいな〝時間の計算が苦手な人〟もいるのかも
そう思ったら無理強いするのも気の毒に思えてきて…
がんばってはいるんだよ
えへへ
泳ぐのが苦手な人をスイミングには誘わないでしょ？
それと同じで僕らはマキを誘うときカッチリ時間は決めないんだ
その方が僕らもマキもストレスが少ないからね
へ～
目からウロコ…
ポロッ
そっか…もしかしたらAさんもそのタイプなのかも…
あははごめーん

そんなことがあってからは
Aさんと待ち合わせをするときは
13時くらいから上野公園でブラッとしてるから、上野に着いたら電話してね
時間をおおまかに設定して
のんびり自分の時間を楽しみながら彼女を待つようになりました
んーっ！このバインミーうま〜い
本も持参
大人なんだから時間ぐらい守って当然！とは思うけど
ひとりくらいこんな友達がいてもいいのかもね
おっ
ヴヴッ
そう決めたらなんだか私も
遅刻したら申し訳ない急がなきゃ
前ほど焦らなくてもいい気がしてきた
もちろん遅刻はしないけどさ
やっほーぽんちゃん
ハロー
じゃ行こうか！
わあ
楽しみだねぇ
友人に時間厳守を求めなくなったことで
ほんの少しだけ人付き合いが気楽になったような気がします
大深海展

【第八話】「本当の友達」の巻

昔のバイト友達とランチ中のこと
この前 彼にそれとなく結婚のこと言ってみたんだけど
のらりくらりかわされちゃってさ
Aちゃん
Mちゃん
Kちゃん
最近Aちゃんは同棲中の彼とのこれからのことに悩んでいて
少々グチが多めです
グチ
友達とかに相談しても
見切りつけろとか言われるし〜
グチ
っていうか私としてはぁ
かれこれ30分
グチ
グチ
う〜む
なかなか終わらない…
でもまあ話すことで考えがまとまることもあるし
私もマンガのストーリーがまとまらないときは編集さんに話を聞いてもらうことがある
ふむふむ
言葉にするとまとまりやすい
——あのさ Aちゃん
Aちゃんの気持ちもわかるけど
ここでグチるより彼氏さんと改めて話し合う方が先だと思うよ
その方が話も進むと思うしさ〜
それにもっとみんなの話も聞きたいし

あっ
ご…ごめん
おおっ
それからはなごやかな話題で
盛り上がったのですが
わぁかわいいチョコ
ありがとう〜
ベルギー旅行みやげだよ〜
Aちゃんはなんとなく落ち込んでる様子
帰り道
この二人は違う電車
Aちゃんちょっとヘコんでたね
空気悪くしちゃったかな
ゴメンね
ガタンゴトン
ううん私は全然大丈夫っ
ガタンゴトン
グチを聞くのもつらかったんだけどさ
もっとMちゃんのベルギー旅行の話とか聞きたかったんだよね
私、大のチョコ好きでさ〜
そうなんだー
それにこういうときハッキリ言えるのも〝本当の友達〟だからこそってのもあるしさ
!

永福町〜
永福町〜
おっと
ここだ
ぽんちゃんも
つらくなったら
ハッキリ言っても
いいと思うよ
じゃね！
たたっ
う、うんっ
またねっ！
ハッキリかぁ
ガタン
ゴトン
なんでも言い合えるのが〝本当の友達〟って
時々聞くけど
何でも言い合って
ケンカしても すぐ仲なおり！
これぞ本当の友達
私には
ムリそう
私はこの
〝本当の友達〟に
昔からコンプレックスが
ありました
なかなか
ハッキリとは
言えないよね
すごいなぁ
Kちゃん…
元々口下手な上
自己肯定感が
低いせいか
私なんぞが
意見して
いいものか
嫌われる
のも怖いし
なんて
思ってしまうし
まぁ
まぁ
私自身
ハッキリ
言われるのが
苦手なため
それが正しいと
してもすぐには
受け止められない
あぁ…
この人のこと
嫌いになって
しまいそう
だから
ぽんちゃんは
ダメなん
だよっ!!
うっ…

ついつい言葉をのみ込んでしまうことが多いのでした
悩んでるとき正論をズバッと言われたらつらいこともあるし
とりあえず話を聞こう
うんうん
でも…
たしかに最近はAちゃんのグチを聞いてばかりだったかも
正直ちょっと面倒だと思うこともあった
なのにハッキリ言えないのは
私が人の顔色をうかがってるからかな
えと
あの
その
ピッ
あーぁ
こんなんじゃ
〝本当の友達〟なんてできないかもなぁ
レディースクリニック
SYO DENTAL OFFICE
歯科
ただいま〜
おかえりっ
楽しかった？
うんっ
Mちゃんにベルギーみやげのチョコもらったよ
すごいかわいいプラリネ♥
おや？
その顔はなんかあった顔だね
バレタ!!

うーん
思ったことを
ハッキリ言える
のが〝本当の友達〟
かあ
僕はそうは
思わないけどな
人はみんな
性格も価値観も
理想も目標も
それぞれ
違うでしょ
それなら
友達との
付き合い方も
それぞれ
違ってもいい
はずだよね
友達に
隠し事は
しない主義
友達と
仕事の話は
したくない
ネットだけの
つながり
だけど友達
友達とは
楽しく
お酒を
飲めれば
いい
家族ぐるみ
の付き合いが
ベスト
ふむ
ふむ
今回のことも
ハッキリ
言った
Kちゃん
が正しいとか
話を聞こう
とした
ぽんちゃん
が間違ってる
とかじゃなくて
ふたりとも
自分らしく
行動しただけ
だと思う
!

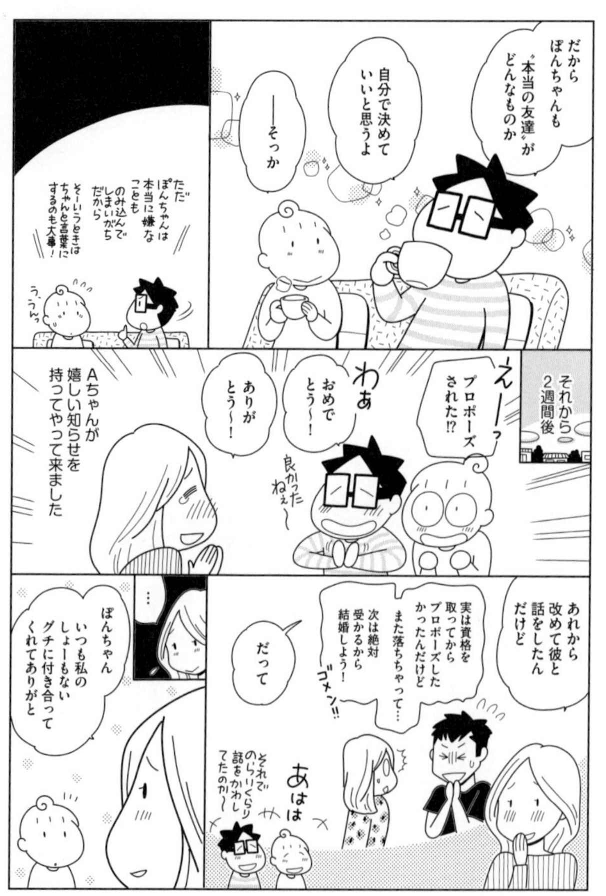
だから
ぽんちゃんも
〝本当の友達〟が
どんなものか
自分で決めて
いいと思うよ
――そっか
ただ
ぽんちゃんは
本当に嫌な
ことも
のみ込んで
しまいがち
だから
そーいうときは
ちゃんと言葉に
するのも大事！
う、うんっ
それから
2週間後
えーっ
プロポーズ
された!?
わあ
おめで
とう～！
ありが
とう～！
良かった
ねぇ～
Aちゃんが
嬉しい知らせを
持ってやって来ました
あれから
改めて彼と
話をしたん
だけど
実は資格を
取ってから
プロポーズした
かったんだけど
また落ちちゃって…
次は絶対
受かるから
結婚しよう！
ゴメン!!
だって
あはは
それで
のらりくらり
話をかわし
てたのか～
…
ぽんちゃん
いつも私の
しょーもない
グチに付き合って
くれてありがと

Kちゃんみたいに
ハッキリ言ってくれる人がいたり
ぽんちゃんみたいに
じっくり
聞いてくれる
人がいたから
彼との結婚とか
これからのことに
向き合えたんだと思う
Kちゃんも
ぽんちゃんも
正しいも
間違いもない
！
私にとって
〝本当の友達〟が
どんなものか
まだわからないけど
私なりに
友達を大切に
できてる
それで
いいんだ
きっと
そう思ったら
ふと心が軽くなり
あ
Kちゃんには
もう報告した？
ううん
まだ
なんか
言いづらくて…
なんでも
言い合えるのが
〝本当の友達〟
そう思うのを
やめてみたら
メールして
みなよ～
きっと
喜ぶよ！
うんっ！
迷いがちな
友達付き合いに
私なりの答えを
みつけられた
みたいです

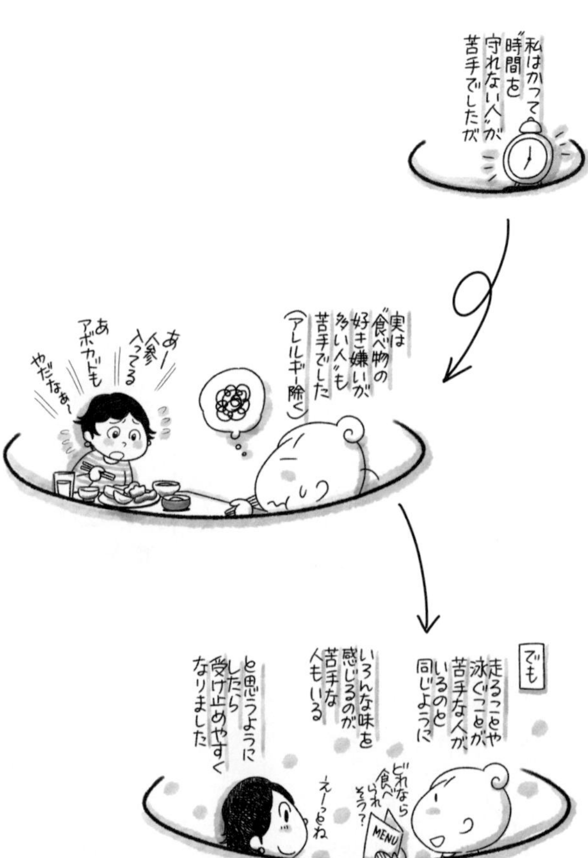
私はかつて
"時間を
守れない人"が
苦手でしたが
実は
"食べ物の
好き嫌いが
多い人"も
苦手でした
(アレルギー除く)
あー
人参
入ってる
あ
アボカドも
やだなぁ〜
でも
走るっことや
泳ぐっことが
苦手な人が
いるのと
同じように
いろんな味を
感じるのが
苦手な
人もいる
と思うように
したら
受け止めやすく
なりました
どれなら
食べ
られ
そう?
MENU
えーっとね

第三章

家族で、やめてみた

【第九話】「夫の友人と仲良くしなきゃ」の巻

は〜
楽しかった！来てくれてありがとね
ボフッ
大丈夫だった？
みんないい人だったでしょ？
うん 最初緊張したけど楽しかった
それに同僚さん達にいい印象持ってもらえたみたいだし
奥さんまたぜひ来てくださいね〜
サラリーマンってささいなことが進退に響くっていうし
〝いい奥さん〟ができて良かった
マンガやドラマで得た知識
ぐっ
ん？
〇〇社のN木さんだ
ねぇねぇN木さんがごはん行かないかって
前に紹介したよね
ホラ
後輩を紹介したいので〇月×日食事でもどう？良かったら夫君も誘って下さい！
肉
あ〜
ごめん僕パスさせて
ん？
その日何か予定があるの？

う〜ん
前回初めて
N木さんと
会ったとき
ペラペラペラペラ
ペラペラペラペラ
話について
いけなさすぎて
ちょっとツラ
かったんだよね
だから
ごめんっ！
——ん？
どうしたの？
——なんか…
ズルイ
プクー
私はよく知らない
夫君の同僚さん
との飲み会にも
出席してるのに
こういうとき
夫君は来て
くれないんだ
いじいじ
私は夫君のために
会社での立場とか
考えて
つまんなくても
出席してる
のに
ブーブー
!!
——そっか
僕はてっきり
楽しんで参加
してくれてると
思ってた
はっ
言い
すぎたっ!!

悪かったね
つまんない会に
参加させちゃって
僕は強要した
つもりはないん
だけどね
これからは
無理して来て
くれなくて
いいから！
いやっ
違う
つまん
ないって
ワケじゃ
なくてっ
お風呂
入ろっと
バタンッ
あああ～
怒らせて
しまった～
数日後
Café
——なんて
ことがあってさ
わかるわ～
うちの夫も
飲み会に私を
呼びたがるけど
私の飲み会には
来たがらない
タイプなんだ
よね～
君の友達
よく知ら
ないし～
うちは
夫の実家には
ふたりで帰省
するのに
私の実家には
君ひとりで
行ってきてよ～
ってタイプだわ
こっちは
夫の顔を
立てようと
気をつかって
るのにさ～
向こうは
そんなこと
みじんも考えて
ないのかと思うと
ガッカリするよね～
うん
うん
実はうちも
それで大ゲンカ
したことが
あってね
え——っ!?
興味津々！

私もぽんちゃんのとこと同じで
ある日仕事の先輩から夫婦で誘われたとき…
俺行きたくない… 実はその人前から苦手だったんだ
えっ
でもぉ先輩にはいつもお世話になってるし
楽しみにしてくれてるみたいだから
私としては来てほしいんだけどな…
ダメ？
う〜〜ん
だってその人君の先輩なのに僕にまで先輩風吹かせてくるし
自慢話多いし
正直なんで仲良くしてるのかギモンだよ…
カチン
それを言ったら私もあなたの友達のK君がすごい苦手！
あの人時々すごく女性を軽視すること言うし
女って結局さ〜
でも私は文句言わずに付き合って飲み会に行ってるでしょ⁉
ピクッ
そしてひとしきりお互いの交遊関係で言い合いをしたんだけど
あいつはそれでもいいやつなんだっ
先輩だっていい人だもん

その時ふと…
はっ
今私たち…
自分たち以外のことでケンカしてる
──って思ったの
他の人のことでふたりの仲が悪くなるなんて
なんだかすごくバカバカしい気がして
それで話し合って今は
〝お互いの交遊関係に無理してまで付き合わない〟
って決めたの
いくら夫婦だからって
これまで違う人生を歩んで来たワケだし
多少付き合う友達の好みが違うのも当たり前かな～
って今は思うよ
仕方ないよねぇ
なるほどねぇ
そっか～
私って今まで心のどこかで
夫の友達とはすべて仲良くしなきゃ！
って思ってた気がする
それが良い奥さんってもんよ！

でも中には苦手な人もいて
がまんして仲良くしてストレスがたまったこともあったっけ…
なにこれ変な服〜
なぜか私にキツく当たる人もいた
えっ ははは そう？
ガマンガマン
私はそんなことを夫君にも押しつけようとしてたのか
ブブ
夫君に悪いことしちゃったな
——ということで
友人夫婦の出来事を夫にも知ってもらい
テーマ
互いの交遊関係にどこまで付き合うか問題
ふむふむ
ふたりで話し合うことにしました
そうだね これからは
気乗りしないお誘いには無理して付き合わないようにしてみようか
うん
でもどうしても付き合ってほしいときは言ってね
場合によっては協力できることもあるかもしれないし
苦手ではあるけど家族同伴が望ましいイベント
祝賀パーティー
OK
夫婦間協定締結！
ガシーッ

そんなことがあってから
あ ぽんちゃん 前の会社の同僚から飲みに誘われたけどどう？
ふたりで来れば？
Sさん
むむっ ちょっと苦手なSさん
ごめん 今回はやめとく〜
気が乗らない付き合いを断れるようになり
夫もまた苦手な誘いを断りやすくなったようです
Oさんからホームパーティのお誘いがきてたね どうする？
グループラインきてるよ
あ、ホントだ〜
う〜ん Oさん ちょい苦手… ごめん僕は欠席でお願いします
一緒に行けたら楽しかったろうなぁ
ちょっぴり残念…
――なんて少し淋しく思わないでもないですが
でも〝いつもふたり一緒〟もいいけど
Oさんにはうまいこと言っとくぜ
オケ！
まかせた！
〝お互いが無理せずにいられること〟が心地よく思える今日この頃です

誘いを断り
夫だけ出席
しているとき
のび～
なんだか
普段の
ひとり時間
より
開放感がある
気がする
ちょっぴり
罪悪感が
ないわけじゃ
ないが…
よーし！
夫君が
いたらできない
ことしちゃうぞ！
夫の嫌いな
ブロッコリー
料理を食べ
夫の嫌いな
ホラー映画を
観る私
The Walking Dead
逆に私が
ひとりで出席
したとき
あ
夫は夫で
謳歌して
いるようです
私が嫌いな
カップめんや
お菓子の空
ポテ
やきそば

【第十話】本の共有の巻

ある夜のくつろぎタイム
お悩み
結婚して19年
今では夫と必要最低限しか話しません
――40代主婦
夫婦間の会話ってありますか
ふ〜ん
夫婦も長くなると会話しなくなるんだってさー
レタスページ
でもさうちはあんまり心配いらないね!
わが家はちゃんとコミュニケーション取れてるもんね!
あ――…うん
おいっ
言ってるそばから人の話を聞いてないな
カタカタ
う〜む
こうやって少しずつ夫婦の会話って減っていくのかもね…
仕方のないことなのかなぁ
なんてこの時は思っていました

翌日
フンフ〜ン♪
ん？
おっ
なんだ？
夫君が買ったのかなぁ
屍人荘の殺人
魔眼の匣の殺人
へ〜
夫君がミステリーとかホラー買うの珍しいなぁ
屍人荘ってことは
閉ざされた館の中の殺人事件かな
おもしろそう
ミステリ大好き
よしっ
パパッ
コポコポ
ゴミ
すちゃっ
ちょっとだけちょっとだけ
そ〜っと折り目がつかないように…

とっぷり…
あと一章だけ
ただいま～
はっ
ビクッッ
あーっ！それきのう買った本！入院した友達への差し入れに買ったのに！
なんで読んでるの!?
ええっ!?
そっ そうだったのか!!
んも～っ
折りぐせついてないかなぁ
前から言いたかったんだけどさ僕が買った本を先に読むのやめてよー！
常習犯
あれ～？そんなことあったかなぁ
あのさぽんちゃん
きのう夫婦のコミュニケーションがどうとか言ってたけど
――うん

なら本を
読んじゃう前に
ひとこと
この本
読んでも
いい？
テロリ〜ン♪
ってメールくらい
くれても
いいんじゃ
ない⁉
それこそ
コミュニケーション
でしょうが‼
うぐぐっ
ド正論っ
ごめんっ
今後気を
つけます
ペコリ
まぁ
もう
いいけど
さ〜
なんてことが
あってから
本は買った人が
読み終わって
から借りること
という
ルールが
決まったの
ですが…
カタ
カタ
ねぇそれ
もう読み
終わった？
まだ
今ようやく
半分くらい
忙しい夫の
読書ペースは
遅く
なんとなく
貸し借り
しづらいまま
読む時間
なくてさー
そっかー
いつの間にか
夫婦間で
本は共有しない
ようになって
いきました
元々好みの
ジャンルが
違うし
ま、いっか
ズズー

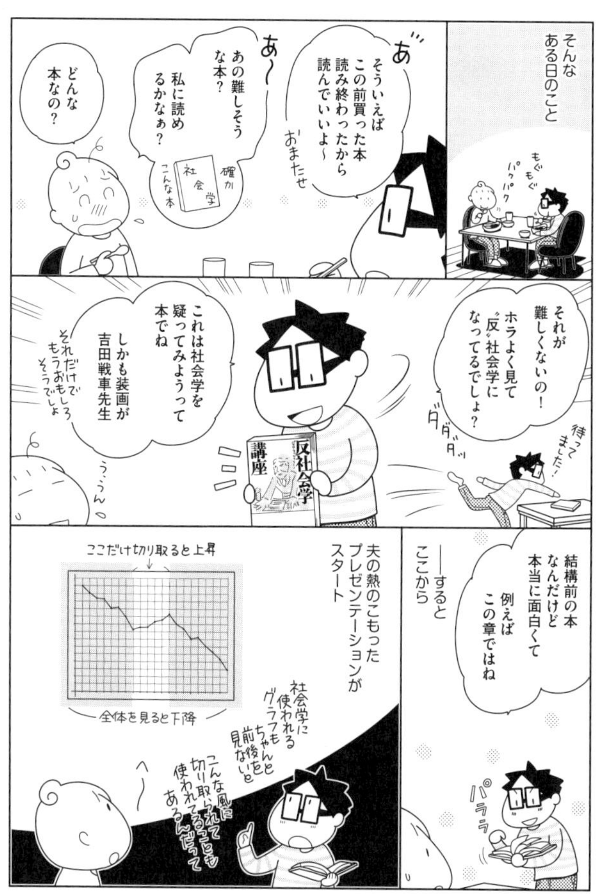
そんな
ある日のこと
もぐ もぐ
パクパク
あ゛
そういえば
この前買った本
読み終わったから
読んでいいよ〜
おまたせ
あ〜
あの難しそう
な本?
私に読め
るかなぁ?
確か
こんな本
社会学
どんな
本なの?
待ってました!
ダダダダッ
それが
難しくないの!
ホラよく見て
〝反〟社会学に
なってるでしょ?
反社会学
講座
これは社会学を
疑ってみようって
本でね
しかも装画が
吉田戦車先生
それだけで
もうおもしろ
そうでしょ
う、うん
結構前の本
なんだけど
本当に面白くて
例えば
この章ではね
——すると
ここから
パラララ
夫の熱のこもった
プレゼンテーションが
スタート
ここだけ切り取ると上昇
全体を見ると下降
社会学に
使われる
グラフも
ちゃんと
前後を
見ないと
こんな風に
切り取られて
使われてることも
あるんだって
へ〜

あれ?
夫君
きょうはすごく楽しそうに話すなぁ
あ
そういえばこの前ぼんちゃんがちょっと読んじゃった本
友達が面白かったって言ってたなぁ
あーっ
あれあの後買って読んだ!
アイデアが斬新だったー
〝クローズドサークル〟ものが好きだからイッキに読んじゃったよー!
クローズドサークル?
うん!
外部との連絡方法や帰路が断たれた状況で事件が起こる話のことをミステリー用語でそういうの
あ それサスペンス映画でよくあるやつ!
嵐の孤島や吹雪の山荘で連続殺人みたいな
ふっふっふ
ちなみにミステリーとサスペンスは厳密には違うらしいよ
えっ
そうなの!?
自分の好きなジャンルを話せて嬉しい

うん
その違いは…
待って！
当てるからっ
ガバッ
ひっ
びっくりしたー
う〜ん
なんだろーな
よく
「スリルと
サスペンス」
とか使われる
ことが多いしな〜
そういえば
私の話を
こんなに
楽しそうに聞く
夫君を見るの
久し振りかも
そして私達は
夕飯の残りの
キンピラと
漬け物を肴に
お酒を飲みながら
えーっと
不思議で
怖いのが
ミステリーで
ハラハラ
するのが
サスペンス！
あ
ちょっと
惜しい！
しばらく
お互い最近読んだ
本のことなどを
話し合ったのでした
夫君も私も
お互い知らない内に
いろんな本を
読んでたんだなぁ
それに
こんな風に
話し合える
なんて
なんだか
知り合った頃
みたいだ

あの頃夫君が話してくれる私の知らない本や映画の話を聞くのが面白くて好きだった
わぁ
こんな本読んでるんだ〜
夫君のことが少しずつわかっていくのも嬉しかったっけ
今までいろんなものを共有して一緒に同じものを見るのは楽しかったけど
TRIP
MOVIE
ART
BOOK
FRIEND
その分減ってしまった話題や会話もあったのかもしれないなぁ
ねぇねぇ夫君
私これからも面白い本読むね
本の共有をやめてみたらちょっぴり会話が増えた私達
え？
うん
どした？
だから夫君も面白かった本があったら教えてよ
また昔みたいにサイゼリヤでワイン飲みながらしゃべろう
あはは
懐しい！いいね〜
あの頃と同じとはいかないかもしれないけど
今のふたりらしい会話ができるといいなと思うのです
講座

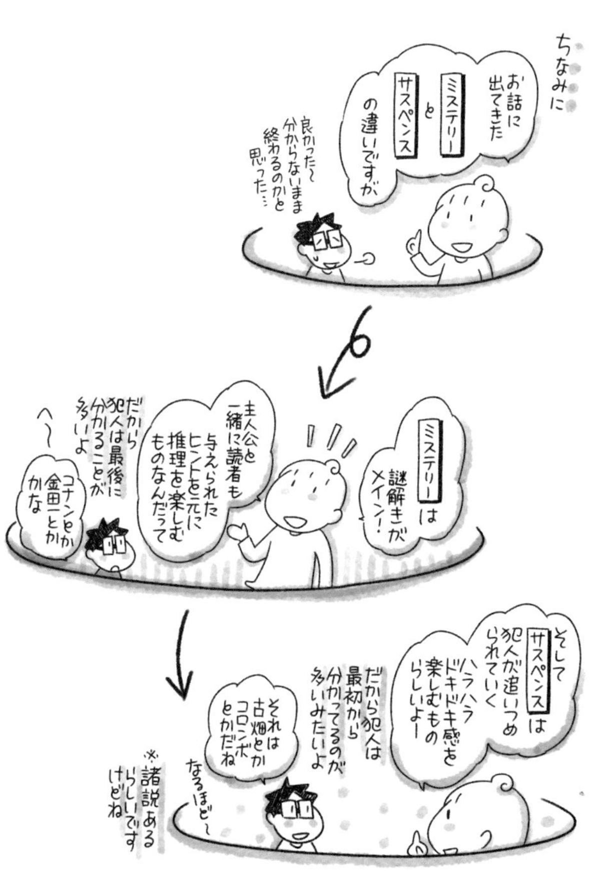
ちなみに
お話に出てきた ミステリー と サスペンス の違いですが
良かった〜 分からないまま 終わるのかと 思った…
ミステリーは 謎解きがメイン！
主人公と一緒に読者も 与えられたヒントを元に 推理を楽しむものなんだって
だから犯人は最後に 分かることが 多いよ
コナンとか 金田一とか かな
へ〜
そして サスペンスは 犯人が追いつめられていく ハラハラ ドキドキ感を 楽しむもの らしいよー
だから犯人は 最初から 分かってるのが 多いみたいよ
それは 古畑とか コロンボ とかだね
なるほど〜
※諸説ある らしいです けどね

【第十一話】「察してほしい」の巻

やっと帰ってきたのが深夜0時
ただいま～
しかも手ブラ
うぃ～
ポカリは!? 私のごはんは!?
夫君がカゼのとき私はちゃんと看病するのに～！
おかゆできたよ～
冷えピタ貼り替えるよ～
ギュッ
私のこと心配じゃないの!?
あ 起きてた？具合どう？
ギロッ
プイッ
なんで怒ってるのか察してよ!! それまで口利いてやらんっ!!
!?
無視!?
こうして…
何かイライラして口を利かない妻と
案外すぐ体調が戻った
よくわからんがそっちがその気なら！と
同じく口を利かない夫ができあがったのでした
とはいえ怒りモードが長続きしない私
ぷひゃっ
変なアザラシ！
インスタ

ねぇねぇ
夫君見て…
はっ
いかんっ
私、怒って
たんだった
うっかり声
かけちゃった…
どれどれ
こうしてケンカは
結局なぁなぁになって
終わるのがいつもの
パターンです
そんな
ある日
他県に住む
友人が娘さんを
連れてやって
来ました
どうしても
観たいアイドルの
コンサートが
あるって言うから
一緒に来たんだ
けどねぇ
朝から
ごきげん
ななめで
ろくに口も
利いてくれ
ないのよ～
小学6年生の
娘さんは最近
反抗期で
接し方に困って
いるのだそう
プイッ
何か言いたい
ことがあるなら
ちゃんと言葉で
言ってくれないと
ママだってわから
ないんだからねっ！
うっ…
耳が痛い
つーん

そこの本屋行ってくるっ
えっ 車に気をつけてね 知らない人についてっちゃ…
わかってるってばっ!!
BOOK
ガタッ
も〜〜っ
なんなのっ⁉ ホント疲れるっ⁉ 反抗期ってこんなに大変だと思わなかった!!!
ガシ
ガシ
びくっ
ふ〜〜っ
そりゃあ あの子の言い分もあるんだろうし
親にだから甘えてあんな態度とってるって わかってるんだけどさ
甘え?
うん… どこまで許してくれるか親の愛情を量ってるんだろうなって 感じることがあるんだよね
食べないっ
も〜
——でもさ いくら親っていっても私だって ひとりの人間だからさ
無視されれば傷つくし 悲しくて泣けてくる日もあるよ
時々母親やめたくなっちゃう…

あははっ
ごめんね
グチで
憎たらしい
けど娘は
もちろん
可愛いのよ
うん
エミフッ
……
夫君も
そんな気持ち
だったのかな
反抗期
早く終わると
いいね〜
帰り道
ねぇ夫君
ん？
この前
ふてくされて
ごめんね
あー
うん
あの日
寝込む前に
帰りに
ポカリと
おかゆ
買ってきて
って素直に
LINE
すれば良かった
あ
そーいうこと
だったの？
夫婦なら
何も言わ
なくても
察してくれると
思ったし
大丈夫？
おかゆと
プリン
ポカリ
それでつい
愛情を量って
しまって
私のこと
心配じゃ
ないのっ
期待通りに
いかず腹を
立てちゃった

それに私もあの子みたいに夫君なら許してくれるっていう甘えがあったのかも
も〜
プイッ
そうだったんだ〜
僕はいつも通り冷凍ごはんやストックおかずがあると思ってたし
微熱だって言ってたから心配してなかったんだよね
飲み会があるって話してたハズだし
そっか
あ
ぽんちゃんってたまに意味不明にふてくされることがあるから
この際言っておくけど
僕はきっとこれからもたいていのことは
察せませんっ。
キッパリ
えっ
なっなんかそんなにハッキリ言われるとムカつくんですけどっ
ぶんぶん
私は普段何かと夫君を気づかってるのに不公平じゃない!?
ちょっとは察してやろうとか思ってよ!
もちろん僕だって気づかってるよ
僕なりにね

でも
ぽんちゃんが
期待すること
全部
会話もなしに
気付いて
叶えてあげる
なんてことは
やっぱり
難しいと
思う
エスパーじゃ
ないんだから
それに
そんなことで
愛情を試さ
れたり
量られたり
するなんて
信じてもらえて
ないみたいで
つらいよ…
僕の方が
ぽんちゃんを
信じられなく
なっちゃうよ
あ…
だから
これからは
ふてくされる
前に話して
できることは
やるからさ
――うん
ありがと
ごめんよ
それから
ピンポーン
わ～い
注文してた
お布団セット
やっと届いた
ハンコ
くださーい
ふ～
カけ布団
カけ布団
毛布
しき布団
しき布団
シーツセット
シーツセット
古くなった
布団と毛布は
処分用に
まとめなきゃ
シーツは一度
洗った方が
いいな
バサ
んも～
寝具の準備って
何気に重労働
だよねぇ

それにしても
夫君の布団
でもあるのに
なんでこう
いうときに
手伝おうか
の一言が
言えないん
だろうねぇ
チラッ
ゲームに夢中
ピーッ
ピコ ピコ
僕は
察せません。
はっ…
そうだった
うむっ
夫君〜
もし手が
空いてたら
ちょっと
手伝って
くれないかな
新しい
お布団
届いたの〜
お？
は〜い
〝察してほしい〟を
やめて言葉に
するようにしたら
作業も
関係も
とっても
スムーズで
ふふっ
やっぱり
ふたりだと
早い！
そして
楽しい
ちゃか
ちゃか
ちゃか
あ
これ
かわいい
つまらないことで
愛情を量って
ふてくされるより
楽しい時間を
つみかさねる方が
幸せな未来に繋がる
ような気がします
私のは
ペンギン
柄
あっ
こっちは
シロクマ
だ〜

とはいえ時々手伝うのが面倒になるのか
ブッスー
マメのすじ取り
イヤイヤやってるのが目に見える夫
分かりやすいな~
小学生男子かっ
イヤイヤでもやってくれるだけいいか
なんて思ってましたが
ブチッ
あまりに不きげんそうだと私も段々嫌な気分になるので
ペッ
お手伝い嫌だった？そんな顔見るの悲しいよ
ハッキリ気持ちを伝えるようにしています
※あくまでも責めずに気持ちを伝えるだけ
あっ
ごめんっ早くゲームの続きがやりたくて、つい！
バレてた!!
その場ですぐ解決できると嫌な空気もひきずらない！

【第十二話】共同貯金の巻

先日
学生時代からの
友人の結婚式に
出席した
ときのこと
実は新婦の
おなかには
新しい命が！
おお～
おめでと～
パチ パチ
パチ パチ
あの子
昔から
結婚したい！
子供欲しい
って言って
たもんねぇ
あきらめ
ないで婚カツ
して良かった
よねぇ
うんうん
良かったねぇ
パチ パチ
パチ
パチ パチ
40代での結婚
おめでたという
こともあって
一層祝福ムードです
すると
歓談中に
新婦の叔父さんが
テーブルに
やって来て…
昔みんなを
遊園地などに
つれて行って
くれた
おう
みんな
久し振り！
あ！
お久し振り
です～
チラ
そう
いえば
ぼんちゃん
まだ子供
いないんだって？
あ…
――――はい
ピクッ
ギシッ
トク
トク

いい歳
なんだから
急がないと！
自分の子供は
かわいいぞ〜
産んどかないと
絶対後悔するよ
やっぱりこの
話題かぁ
こういう人って
親せきに
ひとりはいるん
だよなぁ
ぐびっ
出た〜
自分の子供は
可愛いオジサン…
結婚して10年
わが家に子供は
いません
これは
結婚当初
夫と話し合って
決めたことです
こればかりは
授かりもの
なので〜
言い返さず
流す作戦
今はそれで
いいかも
しれないけど
もし将来
だんなさんが
心変わりして
やっぱり子供が
欲しいなんて
言い出したら
どうするの？
ゲフッ
その時
ぽんちゃんが
産めない歳に
なってたら
だんなさんに
捨てられ
ちゃうぞ〜
あっ
またこんな
ところで
人にからんでる！
女性陣
静かに怒る…
今の内
産んどけ
妹さん
——でも
たしかに
改めて夫君と
話し合うのは
必要かも
も〜〜
人に迷惑
かけないでよー
ウィ〜〜
ズルズル

翌日
――というわけでね 私も40越えたわけだし
子供をどうするかの最終決定とか
これからのこととかを夫君と相談したいなぁって思って
なるほど
それにしてもそのオジサンひどいね
あ
あとこれのことも
ん？
――それは
『もしも子供が欲しくなったときのため共同貯金』
結婚当初
いざ欲しくなったとき困らないようにね
と、ふたりで始めたものです
○○○××× 様
総合口座通帳
夫名義
おっ
思ったよりたまってる！
通帳記入ありがと～
いえいえ
それで夫君はどう思ってるの？子供のこと
僕の気持ちは結婚当初と変わらないよ
これからもふたりで暮らしたいと思ってる
実はめちゃくちゃ子供が苦手
ぽんちゃんはどう？
う～む
やっぱり子供は産めないと思う

私の仕事って収入が不安定で時間も不規則だし
今から子育てするのは正直
体力的に難しいんじゃないかと思う
もう3日風呂に入ってなーい
それにもし私も母みたいになったらと思うと怖いし…
ゾゾゾ…
バシッ
バシッ
お前みたいな子産まなきゃよかった！
※参照のこと
自分を好きになりたい。
幻冬舎刊
母との関係があまり良くなかった
——でも100％産みたくない！ってわけでもないんだと思う…
自分の心なのによく分かんないの
街でかわいい子供やステキな家族を見かけると
こんな風に育てたいな
名前なんてつけようかな
ふと頭の中で育児をシミュレートしている自分に気がついたりして
もしかして私って自分で制限してるけど
産めない
私なんかが産んじゃダメ
ママー
本当は子供が欲しいと思ってるのかもしれない

そんなとき
誰かに
産まないと
絶対後悔
するぞ！
なんて言わ
れると
ひくっ
このままだと
いつかひどく
後悔するかも
取り返しの
つかないことを
してしまったと
自分を責める
かも
そう思うと
怖くなっ
ちゃうし
罪悪感で
いたたまれ
なくなったり
して
ずーーーん
体は健康なのに
少子化なのに
親たちに悪い
子育てせずに楽してる
妻なのに女なのに嫁なのに
老後は他人の世話に
産めるのに産まなくてごめんなさい
申し訳ない
産まない方に
心は決まり
かけていたのに
気持ちが
ゆれちゃうん
だよね
ねえ…
夫君は本当に
このままで
後悔しない？
私はこの先
自分を責めないで
生きていける
のかな
う〜〜ん
僕にも
未来のことは
わからないよ
だよね
ごめん

でも
〝産めるのに産まない〟なんて自分を責めなくていいと思うよ
体の問題で産めない人と同じく心の問題で産めない人だって
悩んだりつらい思いをしてるんだもん
いろんな生き方をしてるいろんな人がいるんだから
LGBTQIA
特別養子縁組
趣味に生きる
仕事が生きがい
シングルで子育て
僕らも自分達に合った生き方をみつければいいよ
――というか
僕らが今一緒にいるのは子供のためでも生活のためでもなくただ愛情があるからだよね？
僕はそれがとっても誇らしいんだ
だからきっとこれからもふたり暮らしを後悔しないと思う

――そっか
そんな風に
考えたこと
なかった
ありがと
これまでの
不安や罪悪感が
やわらいでいくような
気がしました
うん
ゴシゴシ
よし
ではっ
これからも
仲良く
ふたり暮らし
お願いします
こちら
こそ
ペコリン
ペコリン
こうしてわが家の
ふたり暮らしは
継続されることと
なり…
でもさ この
共同貯金は
このまま続け
ようよ！
今後は突然の
ケガや病気に
備えるって
ことにしてさ
総合口座通帳
う～ん
もちろん
貯金は
続けるけど
これからは
名義を分けた
方がいいと
思う
今
夫名義
これから
夫名義
ぽん名義
え？
どして？
先日 前の上司の
奥さんが急に
亡くなったん
だけどね
貯金をひとまとめに
してて
いろいろ大変だった
らしいんだ
奥さんに
お金を任せっ
きりにして
いたAさん
え!?
貯金の名義が
全部妻に
なってる!!
じゃあ俺の
貯金も遺産
相続の対象に
なっちゃうの!?
相続税
どうなる
の～
うわぁ
それは
大変だぁ

なるほど～
後々のこと
考えたら
別々にして
おいた方が
いいのかも
という
ことで
ふたり暮らし
継続決定と
ともに
共同貯金を
やめて名義を
別々にすることに
しました
BANK
生活費も
家事も折半
貯金も
別々
子供も
いない
私達って
他から見たら
夫婦というより
ルームシェアしてる
友達みたいだよね
でも
その時——
誇ら
しいんだ
ふたつの
通帳が
うむ
並んで歩く
ふたりの人生の
象徴のように
思えたのでした

【エピローグ】

仕事関連の友達やその同僚家族など12名
は〜 美味しかったねぇ
ね〜
みんなまだ時間ある〜? 二次会行ける人〜
ハーーイ
大勢でいるこんな時
二次会って言ったらやっぱりボウリングでしょ
えーっ 元気すぎ!!
バーとかカラオケがいいよねぇ
率先して提案するのはハキハキして目立つ人達
どうする〜?
ん〜 軽くワインでもいいよね
食通
意見を求められるのは面白い人や一目置かれている人
——そして私はと言えば…
何も言えず何も聞かれず みんなが決めた場所にニコニコついて行く人…
人に合わせることは別に悪いことじゃないし こういう立場の方が楽でいいと思うこともあった
でも
つい どーせー みんなの提案の方が面白いし
ワガママだと思われたくないし
ここはみんなを優先した方が大人だと思うし
——と思ってしまう

このところの
〝やめてみた生活〟で
自分のやりやすい方法でいい
苦手なものはやめていい
ちゃんと話をすると前に進む
サークル活動
私はもっと
自分の考えや
気持ちを
素直に表に
出してもいいん
じゃないかって
思ったんだ
よね
よしっ
ね、ねえねえ
この近くに
〝駄菓子バー〟
っていうのが
あってね
ずっと行って
みたかったの
お祭りの出店
みたいな内装
なんだって
みんなで
行ってみない？
なにそれ
面白そう
二次会向き
かもね
うん
ワイ
店に電話して
席あるか
聞こうよ
何人～？
ワイ
久し振りに
モロッコ
ヨーグル
食べたーい!!
ワイ
俺ビッグカツ！
よっしゃ
言えたっ！
じぃぃ～ん
ぐっ
こんな出来事を
きっかけに…

私は大勢の中にいても
考えや気持ちを表に出そうと
意識するようになりました
仕事でおせんべたくさんもらった
みんなもってって〜
わぁ
ニッキ味のおせんべいが苦手なのでおしょうゆ味のをくださーい
こんなときたいてい残ったのをもらっていた
すると
来月Hちゃんのお誕生日だよね みんなで何かプレゼントしない？
Hちゃん
いいね〜!!
Hちゃんって紅茶大好きだったよね あ ちょっとお高めのチョコとかもいいなぁ
うんうん
ぽんちゃんはどう思う？
そうだなぁ 私は――
あ
なんだか前より意見を求められるようになった気がする
なんでだろ
ん？ これってもしかして
いつも
いいよいいよ みんなで決めて〜
って遠慮してばかりだと
いつも任せてくれるから今回も私達で決めちゃおうよ
と 意見を求められることが少なくなっていくけれど

普段から
私は○○より
××の方が
いいと思う
なぜなら
□□だと
思うから
自分の考えを
伝えられる
人だと
今回も何か
アイデアが
あるかも
聞いてみよう
と思ってくれる
人が増える
――ということ
なのでは
ないだろうか
へ〜
普段から
言葉を
のみ込む人は
意見を求め
られず
発言する人は
意見を求め
られやすいかぁ
面白いね
うん
そう思ったの
それにね
言葉を
のみ込んでた
頃より
人付き合いが
密になった
気がするん
だよね
まわりも
よく話を
聞いて
くれるし
実は…
よく話を
してくれる
ようになった
なるほど〜
もしかしたら
今までは
まわりから
いつも遠慮
ばかりで
心を開いて
くれない人だなぁ
なんて
思われてたの
かもしれ
ないね
あ
それも
あるかも!!
最近
そんなことを
意識しながら
まわりの人達や
自分を観察してて
思ったん
だけどね

ちゃんと自分の考えや意見を言える人って
なんだか品があるんだよね
言葉をのみ込まず表に出すことって
ホントはイヤ
私はこういうタイプだった
自分の気持ちを無視せず尊重してるってことだし
……
普段から考えたり学んだりして知識があるからこそ
学習
○○の歴史
旅
食
経験
探求
交流
情報
意見や提案ができるってことだと思うんだ
それに比べて今までの私をふり返ったら
和食がいいけど言いづらい
みんなで決めて〜
気づかっているようで人任せにしている
自分の気持ちをガン無視
提案できる知識もない
イタリアンにしよっか
ビストロもいいな〜
品なんてこれっぽっちも感じないなぁなんて思ってさ
でもこれからは違うんでしょ？
それでHちゃんへのプレゼントは決まったの？
まだ決まったわけじゃないんだけど
お皿下げるよ〜
ありがとう

私がいいなって思うプレゼント
ちゃんと提案してきたよ！
これからネットで探すんだ〜
紅茶ならあんまり日本では買えないイギリスの茶葉にしてみない？
お
前に一度お取り寄せしたことがあるの
いいね
そう良かったね
さてと！提案したからにはしっかり調べていいのみつけるぞー！
がんばれ〜
──今回のやめてみた生活では
あ
あった
あった
イギリス在住日本人雑貨店の
紅茶・食器・菓子
自分が変わればまわりにも変化があることを実感できました
戻ったり立ち止まったり歩みの遅い私ですが
ねぇ見て見て〜こんな可愛い缶入りのお茶〜！
気球型
おうち型
へ〜缶だけでも欲しくなるね〜
自分らしい生き方が
ティロリ〜ン♪
ねぇ みんな
こんなの
どうかな？
みつかりそうな今日この頃です

あとがき

最後まで読んでくださってありがとうございます

本編のペン入れが終わったのは3月11日

そうかぁ あれからもう9年経つのかぁ

と思うと同時に今現在の日本も非常事態であると実感しています

ある日突然やってくる厄災の前には人はどんなにがんばってもずっと同じではいられないんだなぁと思うと

おっ

非常持ち出し袋に“流せるティッシュ”と予備のマスクが入ってた〜！

入れといた当時の自分えらいっ!!

リモートワークで在宅中

マスク

自分の中の立ち上がる強さや変わっていける前向きさを育てていかねばと感じました

“やめてみる”とは新たな選択をして“やってみる”こと

これからも小さな変化を大切にしながらペンを進められるといいなぁと思っています

この本が書店に並ぶ頃、世界中に元気が戻っていますように

二〇二〇年
桜が咲きはじめた春に

わたなべぽん

この作品は二〇二〇年五月小社より刊行されたものです。

幻冬舎文庫

●好評既刊

やめてみた。

本当に必要なものが見えてくる、暮らし方・考え方

わたなべぽん

炊飯器、ゴミ箱、そうじ機から、ばっちりメイク、もやもやする人間関係まで。「やめてみる」生活を始めた後に訪れた変化とは？　心の中まですっきりしていく実験的エッセイ漫画。

●好評既刊

もっと、やめてみた。

「こうあるべき」に囚われなくなる暮らし方・考え方

わたなべぽん

「ボディーソープをやめたら石けん作りが趣味に」「無理に友達を作るのをやめたら、むしろ交友範囲が広がった」など、やめてみたら新しい自分に出会えた実体験エッセイ漫画第二弾。

●好評既刊

自分を好きになりたい。

自己肯定感を上げるためにやってみたこと

わたなべぽん

しんどい母子関係が原因で、自分が嫌いになってしまった著者。その感情を手放すために「小さい頃、親にして欲しかったこと」を実践してみたら――。数多の共感を呼んだ感涙エッセイ漫画。

●最新刊

ご飯の島の美味しい話

飯島奈美

映画「かもめ食堂」でフィンランド人スタッフに大好評だった、おにぎり。「夜中にお腹がすいて困るよ」と言われたドラマ「深夜食堂」の豚汁。人気フードスタイリストの温かで誠実なエッセイ。

●最新刊

ああ、だから一人はいやなんだ。2

いとうあさこ

セブ旅行で買った、ワガママボディにぴったりのビキニ。気づいたら号泣していた「ボヘミアン・ラプソディ」の〝胸アツ応援上映〟。〝あちこち衰えあさこ〟の、ただただ一生懸命な毎日。

幻冬舎文庫

●最新刊
真夜中の栗
小川　糸

市場で買った旬の苺やアスパラガスでサラダを作ったり、年末にはクルミとレーズンたっぷりの林檎ケーキを焼いたり。誰かのために、自分を慈しむために、台所に立つ日々を綴った日記エッセイ。

●最新刊
そして旅にいる
加藤千恵

心の隙間に、旅はそっと寄り添ってくれる。北海道、大阪、伊豆、千葉、香港、ハワイ、ニュージーランド、ミャンマー。国内外を舞台に、恋愛小説の名手が描く優しく繊細な旅小説8篇。

●最新刊
聡乃学習
小林聡美

今、やりたいことは、やっておかなくては——。無理せずに、興味のあることに飛び込んで、学びを得ながら軽やかに丁寧に送る日々を綴る、くすっと笑えて背筋が伸びるエッセイ集。

●最新刊
愛と追憶の泥濘（ぬかるみ）
坂井希久子

婚活真っ最中の柿谷莉歩にできた彼氏、宮田博之は大手企業のイケメン敏腕営業マン。そのどこまでも優しい人柄に莉歩はベタ惚れ。だが博之には、「勃起障害」という深刻な悩みがあった……。

●最新刊
気になる占い師、ぜんぶ占ってもらいました。
さくら真理子

霊視、催眠療法、前世療法、手相、タロット、護符、覚醒系ヒーリングまで。人生の迷路を彷徨う痛女が総額一〇〇〇万円以上を注ぎ込んで、ついに辿り着いた当たる占い師の見分け方とは⁉

幻冬舎文庫

●最新刊
ろくでなしとひとでなし
新堂冬樹

コロナ禍、会社の業績が傾いて左遷されそうな佐伯華は、売り上げが落ちた食堂を営む父に金を無心されていた。マッチングアプリで財閥の御曹司に狙いを定めて、上級国民入りを目指すが……。

●最新刊
意地でも旅するフィンランド
芹澤　桂

ヘルシンキ在住旅好き夫婦。暗黒の冬のフィンランドから逃れ、日差しを求めて世界各国飛び回る。つわり、子連れ、宿なしトイレなし関係なし！　馬鹿馬鹿しいほど本気で本音の珍道中旅エッセイ！

●最新刊
私以外みんな不潔
能町みね子

北海道から茨城に引っ越した「私」。新しい幼稚園は、うるさくて、トイレに汚い水があって、男の子が肩を押してきて、どこにいても身の危険を感じる場所だった――。か弱くも気高い、五歳の私小説。

●最新刊
特別な人生を、私にだけ下さい。
はあちゅう

ユカ、33歳、専業主婦。一人で過ごす夜に耐え切れず、ツイッターに裏アカウントを作る。表で「普通の人」でいるために、裏で息抜きを必要とする人々。欲望と寂しさの果てに光を摑む物語。

●最新刊
この先には、何がある？
群ようこ

大学卒業後、転職を繰り返して「本の雑誌社」に入社し、物書きになって四十年。思い返せばい色々あった。でも、何があっても淡々と正直に書いてきた。自伝的エッセイ。

幻冬舎文庫

●最新刊
4 Unique Girls 特別なあなたへの招待状
山田詠美

あなた自身の言葉で、人生を語る勇気を持って。日々のうつろいの中で気付いたこと、そこから生まれる喜怒哀楽や疑問点を言葉にして〝成熟した大人の女〟を目指す、愛ある独断と偏見67篇!!

●好評既刊
どうしても生きてる
朝井リョウ

死んでしまいたい、と思うとき、そこに明確な理由はない。心は答え合わせなどできない。（「健やかな論理」）など――、鬱屈を抱え生きぬく人々の姿を活写した、心が疼く全六編。

●好評既刊
文豪はみんな、うつ
岩波　明

文学史上に残る10人の文豪――漱石、有島、芥川、島清、賢治、中也、藤村、太宰、谷崎、川端。このうち7人が重症の精神疾患、2人が入院、4人が自殺。精神科医によるスキャンダラスな作家論。

●好評既刊
探検家とペネロペちゃん
角幡唯介

北極と日本を行ったり来たりする探検家のもとに誕生した、客観的に見て圧倒的にかわいい娘・ペネロペ。その存在によって、探検家の世界は崩壊し、新たな世界が立ち上がった。父親エッセイ。

●好評既刊
明け方の若者たち
カツセマサヒコ

退屈な飲み会で出会った彼女に、一瞬で恋をした。世界が彼女で満たされる一方、社会人になった僕は〝こんなハズじゃなかった人生〟に打ちのめされていく。人生のマジックアワーを描いた青春譚。

さらに、やめてみた。

自分のままで生きられるようになる、暮らし方・考え方

わたなべぽん

令和4年2月10日　初版発行

発行人――石原正康
編集人――高部真人
発行所――株式会社幻冬舎
〒151-0051東京都渋谷区千駄ヶ谷4-9-7
電話　03(5411)6222(営業)
03(5411)6211(編集)
振替00120-8-767643
印刷・製本―図書印刷株式会社
装丁者――高橋雅之

幻冬舎文庫

ISBN978-4-344-43173-7　C0195　わ-15-4

幻冬舎ホームページアドレス　https://www.gentosha.co.jp/
この本に関するご意見・ご感想をメールでお寄せいただく場合は、
comment@gentosha.co.jpまで。